Regine Bauer · Danke für Dein Sein

Regine Bauer

Danke für Dein Sein

Eine alles verändernde Lebenserfahrung

AUGUST VON GOETHE LITERATURVERLAG
IM GROSSEN HIRSCHGRABEN ZU FRANKFURT A/M

*Das Programm des Verlages widmet sich
– in Erinnerung an die
Zusammenarbeit Heinrich Heines
und Annette von Droste-Hülshoffs
mit der Herausgeberin Elise von Hohenhausen –
der Literatur neuer Autoren.
Das Lektorat nimmt daher Manuskripte an,
um deren Einsendung das gebildete Publikum
gebeten wird.*

©2013 FRANKFURTER LITERATURVERLAG FRANKFURT AM MAIN
Ein Unternehmen der Holding
FRANKFURTER VERLAGSGRUPPE
AKTIENGESELLSCHAFT AUGUST VON GOETHE
In der Straße des Goethehauses/Großer Hirschgraben 15
D-60311 Frankfurt a/M
Tel. 069-40-894-0 ✳ Fax 069-40-894-194
E-Mail: lektorat@frankfurter-literaturverlag.de

Medien- und Buchverlage
DR. VON HÄNSEL-HOHENHAUSEN
seit 1987

Websites der Verlagshäuser der Frankfurter Verlagsgruppe:

www.frankfurter-verlagsgruppe.de
www.frankfurter-literaturverlag.de
www.frankfurter-taschenbuchverlag.de
www.publicbookmedia.de
www.august-goethe-literaturverlag.de
www.fouque-literaturverlag.de
www.weimarer-schiller-presse.de
www.deutsche-hochschulschriften.de
www.deutsche-bibliothek-der-wissenschaften.de
www.haensel-hohenhausen.de

Bibliografische Information der Deutschen Nationalbibliothek
Die Deutsche Nationalbibliothek verzeichnet diese Publikation in der Deutschen
Nationalbibliografie; detaillierte bibliografische Daten sind im Internet
über http://dnb.d-nb.de abrufbar.

Lektorat: Annette Sunder
ISBN 978-3-8372-1182-5

Die Autoren des Verlags unterstützen den Bund Deutscher Schriftsteller e.V.,
der gemeinnützig neue Autoren bei der Verlagssuche berät.
Wenn Sie sich als Leser an dieser Förderung beteiligen möchten, überweisen Sie bitte
einen – auch gern geringen – Beitrag an die Volksbank Dreieich, Kto. 7305192, BLZ 505 922 00,
mit dem Stichwort „Literatur fördern". Die Autoren und der Verlag danken Ihnen dafür!

Dieses Werk und alle seine Teile sind urheberrechtlich geschützt.
Nachdruck, Speicherung, Sendung und Vervielfältigung in jeder Form,
insbesondere Kopieren, Digitalisieren, Smoothing, Komprimierung, Konvertierung in andere Formate,
Farbverfremdung sowie Bearbeitung und Übertragung des Werkes oder von Teilen desselben in andere Medien
und Speicher sind ohne vorgehende schriftliche Zustimmung des Verlags unzulässig und werden auch strafrechtlich verfolgt.

Gedruckt auf säurefreiem, alterungsbeständigem Papier,
hergestellt aus chlorfrei gebleichtem Zellstoff (TcF-Norm)

Printed in Germany

Inhalt

Vorwort 9
Diagnose „unheilbar krank" 13
Abschied – nicht für immer 23
Von guten Mächten 33
Ackerstiefmütterchen 37
Christines Hereinwirken in diese Welt 41
Gottvertrauen 45
Gott in der Natur 49
So ein Zufall! Oder nicht? 53
Ätherleib 55
Schutzengel 63
Botschaften von „drüben" 67
Träume – keine Schäume 71
Der erste Schnee 77
Nachwort 79
Quellenverzeichnis 81

Dieses Buch widme ich
meiner geliebten Tochter Christine,
die sich mit viel Mut durch ihr
kurzes Erdenleben gekämpft hat.

Danke für Dein Sein!

Vorwort

„Unheilbar krank". Wie ein Blitz aus heiterem Himmel traf uns diese niederschmetternde Nachricht.
Meine einzige, geliebte Tochter Christine war erst 42 Jahre jung und sollte sich einer großen Operation in einer Uniklinik unterziehen. Doch es war zu spät. Der Krebs hatte sich bereits in vielen Organen „eingefressen" – er hielt sich viel zu lange versteckt. Und nach nur elf Tagen im Krankenhaus, in denen sie alle – oft peinlichen – Untersuchungen mit großer Geduld und ohne jemals zu jammern ertrug, verließ sie friedvoll diesen Erdenplan.
Für mich als Mutter brach eine Welt zusammen. Ein fast unerträglicher Schmerz, eine dunkle Traurigkeit und Vorwürfe über Versäumtes hielten mich sehr lange gefangen. Ich zog mich völlig zurück und war in Gedanken ständig bei meinem Kind.
„Wenn wir uns wiedersehen, holen wir alles nach!", sagte sie in ihrer vorletzten Nacht vor ihrem Weggang auf die „andere Seite".
Dieser Satz vor allem ließ mich nicht mehr los und so begann ich, mich für das Leben nach dem Tod zu interessieren. Dass unsere Seele unsterblich ist, daran glaubte ich schon lange, aber das war auch alles, das war mir zu wenig.
Täglich bete ich, begann wieder zu meditieren und sprach viel in liebevollen, aber auch traurigen Gedanken zu meiner Tochter. Regelmäßig besuchte ich ihr Grab.
Und dann fiel mir, ich weiß nicht mehr, wie, das Buch von Rudolf Steiner: *„Das Leben nach dem Tod"* in die Hände. Es wurde mir zu einer Richtschnur auf dem Weg zur Seele meiner Tochter. Endlich wusste ich, wie ich ihr nahe sein konnte, ohne sie auf ihrem Weg „dort drüben" zu behindern, sondern wie ich ihr Liebe schicken und für ihre Liebe danken konnte. Die sogenannten Toten brauchen unser liebevolles „an sie Denken".

Ein weiterer Satz, den sie im Krankenhaus zu mir sagte, als sie nachts plötzlich aufwachte, brannte sich tief in meine Seele ein: *„Jetzt können wir mit dem Buch weitermachen!"* Ich war verblüfft, da ich nicht wusste, welches Buch sie meinte, und ich hatte auch kein passendes dabei. Es tat mir so leid.

Doch Wochen nach ihrem Weggang hatte ich auf einmal *zwei* passende Bücher: Christines *Bibel*, die sie zum Konfirmandenunterricht geschenkt bekam, und das *„Johannes-Evangelium"* von Rudolf Steiner.

Anfangs las ich ihr täglich in Gedanken ca. dreißig Minuten lang aus den Johannes-Evangelien vor. Sie hatte mich ja darum gebeten, ihr vorzulesen. Warum also nicht jetzt? Ich glaube, dass sie, zumindest manchmal, bei mir war und meine Gedanken empfangen konnte.

Wir begegnen uns oft im Traum, ich durfte Botschaften/Imaginationen aus der geistigen Welt empfangen und hatte fast unbeschreiblich schöne Naturerlebnisse und ich wurde darauf hingewiesen, Gott zu vertrauen.

Ein Buch folgte dem anderen. Ich las über Jesus Christus, Engel, das Universum, Traumdeutung, Zufälle (die es nicht wirklich gibt) und vieles andere. All die Erkenntnisse und Erlebnisse, die sich vor mir auftaten, hatte ich vor allem meinem Kind zu verdanken. War das womöglich ein Teil des Sinns ihres Lebens, dass ich, ihre Mutter, mich seelisch und geistig weiterentwickle? Die beiden Horoskope, die ich nach Christines irdischem Tod von uns beiden erstellen ließ, weisen zumindest darauf hin. Für mich als Mutter ist diese Erkenntnis äußerst tragisch und schmerzhaft und sehr schwer zu akzeptieren. Aber wissen wir, was unser Karma ist, was die geistige Welt von uns erwartet? Hier in der Welt der Maja, der Illusion, können wir kaum die Zusammenhänge erfassen, die im Kosmos weben.

Über eines bin ich mir heute ganz sicher, dass wir uns wiedersehen.

Im Traum durfte ich mein Kind schon manches Mal umarmen – was für ein Glücksgefühl, welch ein Trost!

Danke, Christine, für Deine Liebe, Barmherzigkeit, Bescheidenheit und Dankbarkeit.

Mit diesem Buch möchte ich meine Erkenntnisse und viele trostreiche Erfahrungen an Menschen weitergeben, die vielleicht auch ein Kind, einen geliebten Menschen „verloren" haben. Es ist ja nur der materielle Körper, der sich auflöst. Das Wesentliche am Menschen, seine Seele, sein Geist *leben* weiter, wenn auch in anderen Dimensionen und für unser physisches Auge nicht sichtbar. Und durch liebevolles Gedenken an unsere sogenannten Toten können wir mit ihnen in Verbindung bleiben; sie wirken mit ihrem Willen in unsere materielle Welt herein.

Diagnose „unheilbar krank"

Seit Tagen hattest Du wenig Appetit und klagtest über Verstopfung und Spannungsgefühl im Bauch. Auch ich hatte zu dieser Zeit ein Magen-Darm-Problem und wir versuchten, mit Hausmittelchen dagegen anzukämpfen.
Am Sonntag, dem 16.5.2010, lud uns Deine Großmutter zusammen mit Tante Ingrid und deren Familie ins Gasthaus zum Mittagessen ein. Anlass war ihr 89. Geburtstag. Wir beide aßen nur eine Flädlesuppe und tranken Tee, um unseren Magen zu schonen; Appetit hatten wir sowieso keinen. Ich hatte den Eindruck, selbst die Suppe war Dir zu viel.
Pflichtbewusst, wie Du warst, gingst Du trotz der Beschwerden und meiner Bedenken am folgenden Montag wieder zur Arbeit. Du wolltest auf keinen Fall „krankmachen". „Wenn es morgen nicht besser ist, gehe ich zum Arzt!" Es wurde nicht besser und am Dienstag hattest Du einen Termin bei unserem Hausarzt. Er untersuchte Deinen Bauch und meinte: „Da ist aber viel Musik drin!" (In seiner Freizeit musiziert er!) Er verschrieb Dir Gastrosil-Tropfen und gab Dir einen Termin zur Blutabnahme am kommenden Freitag. Noch ahnten wir nichts Böses.
Nach Einnahme der Tropfen meintest Du eine leichte Besserung zu verspüren, doch Dein Bauch spannte sehr und selbst ein Einlauf brachte kaum Erleichterung. Die nächsten Tage ernährten wir uns mit Süppchen und Tee. Ich war bereits in Rente und hatte viel Zeit, so dass ich das tägliche Kochen übernahm. Da wir im selben Haus, jedoch jeder in seiner eigenen Wohnung lebten, war das selbstverständlich. Am Freitag gingst Du zur Blutentnahme. Das Ergebnis solltest Du in zwei Wochen (!!!) abfragen, da die Praxis ab Montag wegen Urlaubs geschlossen sei. Die ganze Woche über gingst Du noch zur Arbeit.

Am Pfingstmontag, 24.5.2010, kamst Du morgens weinend zu mir und sagtest, dass Du Schmerzen hättest und einen Arzt brauchen würdest. Der diensthabende Notarzt an diesem Feiertag untersuchte Dich um 10 Uhr und nach der Ultraschalluntersuchung war klar: Sofort ins Krankenhaus – vorsorglich hatten wir schon das Köfferchen dabei. Nach rascher Aufnahme im Krankenhaus musstest Du mehrere Untersuchungen über Dich ergehen lassen. Zwei Liter Wasser wurden aus Deinem Bauch abgeleitet, danach konntest Du wieder besser atmen, wenigstens eine kleine Erleichterung. Es war Dir ein großes Anliegen, dass ich Deine Krankmeldung schnellstens an den Arbeitgeber weiterleite. Von dort durfte ich Dir, Christine, die besten Genesungswünsche überbringen.
Noch hatten wir große Hoffnung auf einen guten Ausgang.

Am Dienstag, dem 25.5.2010, bat ich die zuständige Ärztin um ein Gespräch. Du wolltest unbedingt dabei sein. Die Ärztin sagte uns unmissverständlich, dass Du, mein Kind, unheilbar krank bist und an eine Uniklinik überwiesen werden sollst, da dort all die Fachärzte zusammenarbeiten, die Du bei der bevorstehenden Operation brauchst.
Du hast laut aufgeschrien – mit dieser Diagnose hattest Du, hatte niemand gerechnet. Eine Welt brach zusammen. Wir waren sprachlos. Später in Deinem Krankenbett sagtest Du zu mir: *„Komm näher!"* Ich legte meinen Kopf auf Deine Brust und Du legtest Deinen Arm um meine Schulter. Das tat unendlich gut und das sagte ich Dir auch. Wenn mir heute die Sonne den Rücken wärmt, dann denke ich, dass es der Arm meiner geliebten Christine ist.
Am Mittwoch, 26.5.2010, dann die Überführung in eine Uniklinik in unserer Nähe. Ich durfte Dich im Krankenwagen begleiten. Ich kann das Gefühl nicht beschreiben, das ich empfand, als ich Dich so liegen sah, mit dem Blumenstrauß Deines Vaters in den Händen. Hilflos, ausgeliefert – was steht Dir noch bevor?

Die ersten beiden Nächte verbrachtest Du in der Intensivüberwachung, einem großen Raum mit ca. 8 Betten. Danach endlich durftest Du auf die Station in ein Zweibettzimmer. Du bekamst Infusionen, konntest kaum noch etwas essen und wenn doch, musstest Du Dich kurz darauf übergeben. Auch mit dem Schlucken hattest Du jetzt Probleme. Beinahe wärst Du an einem Schluck Wasser erstickt. Das Atmen fiel Dir unendlich schwer, bis endlich der Arzt Zeit hatte, das Wasser aus Deinem Bauch abzuleiten – vier Liter diesmal.

Mit Tränen in der Stimme sagtest Du: *„Mami, guck nach meinem Kätzle, wenn ich nicht mehr bin!"* Ich glaube, Deine Seele hatte sich bereits entschieden, zu gehen. „Du weißt, dass ich Dein Kätzle gerne habe, sie wird es gut bei mir haben!", versuchte ich, Dich zu trösten – ich hätte weinen können.

Kätzchen Katinka musste am 17.6.2010, am Tag Deiner Urnenbeisetzung, eingeschläfert werden. Das lag allerdings nicht daran, dass ich sie vernachlässigt hätte, nein, sie hatte einen Tumor im Bauch und Wasser in der Lunge. Die Tierärztin sah keine Hoffnung mehr auf Genesung und erlöste sie mit einer Spritze. Mit ihren zwölf Jahren war sie ja auch schon eine ältere Dame. Gott sei Dank, dass Du, Christine, ihren Tod nicht miterleben musstest. In meinem Beisein wurde Katinka in einem Tierkrematorium würdevoll eingeäschert und in einer blauen Urne ist sie jetzt ganz nah bei Dir.

Ich bin mir sicher, dass dies etwas von den wenigen Dingen in meinem Leben ist, die ich richtig gemacht habe.

Dass Dein Kätzchen Katinka fast dieselbe Krankheit hatte wie Du, obwohl Du sie jährlich zur Impfung brachtest und ihr immer auch die nötige Pflege und Zuwendung angedeihen ließt, gab mir zu denken.

Vor einigen Monaten empfahl mir eine gute Freundin das Buch *„Wenn Tiere ihre Menschen spiegeln"* von G. Genneper & R. Kamphausen, aus dem ich etwas Interessantes, vielleicht eine Erklärung, zitieren möchte:

„Die Resonanz in der Haustier-Mensch-Beziehung – Rupert Sheldrake (Biochemiker und Zellbiologe) konnte nachweisen, dass besonders Hunde und Katzen die Absichten der Menschen erkennen können, die etliche Kilometer von ihnen entfernt sind. Somit konnte er belegen, dass eine morphische Resonanzübertragung zwischen Menschen und Haustieren möglich ist. Tatsächlich entspricht das morphogenetische Feld am ehesten dem, was wir in der westlichen Tradition Seele nennen. Er kommt zu dem Schluss, dass die Kommunikation in der Haustier-Mensch-Beziehung und das Resonanzphänomen auf Seelenebene stattfindet und energetischer Natur ist.

Spezialaufgabe der Gruppenseele der Katzen – Ihre Aufgabe besteht darin, für Menschen unzuträgliche Energien aufzunehmen und abzuleiten ..."

Christine, als ich Dich gestern Abend verließ, sagte ich zu Dir, dass Du versuchen sollst, an etwas Schönes zu denken. Am anderen Morgen hast Du mich begrüßt mit den Worten: „Mami, danke, danke, danke!" Du wirktest so fröhlich und gut gelaunt, fast euphorisch – so habe ich Dich schon lange nicht mehr erlebt. „Ich habe gestern noch an etwas Schönes gedacht!" Was es war, weiß ich bis heute nicht, denn jemand kam ins Zimmer. Später habe ich auch nicht mehr danach gefragt. Fragen waren Dir manchmal auch lästig.

Ich setzte mich an den kleinen Tisch Deinem Bett gegenüber – Du hattest die Augen geschlossen, doch nicht geschlafen – Du dachtest nach. „Mami, es gibt so viele Kinder, die in jungen Jahren an Leukämie sterben müssen, und ich bin zweiundvierzig geworden und durfte so viel erleben!" Barmherzigkeit, Dankbarkeit, ja Weisheit und Trost sprachen aus diesen Deinen Worten. In den letzten Tagen und Wochen hattest Du Dich viel mit der Vergangenheit beschäftigt. So richtig bewusst wurde mir dies allerdings erst nach Deinem Weggang auf die „andere Seite".

„Wenn ich wieder zu Hause bin, machen wir ein Fest. Alle, die ich mag, lade ich ein und für jeden denke ich mir etwas aus, was ich gut an ihm finde!" So haben wir noch Zukunftspläne geschmiedet. Ich nahm Dich sehr ernst, doch das Herz tat mir unendlich weh.

Esther (beste Freundin) sage ich, dass ich es schön finde, wie sie mit ihrem kleinen Sohn umgeht.
Bernd (Cousin) sage ich, dass ich sehr stolz auf ihn bin.
Barbara (Cousine) sage ich, wie sehr ich sie bewundre, wie sie alles so gut meistert mit ihren drei Mädchen.
Mit Claudia (Cousine) möchte ich Muffins backen und mit Papi künftig mehr Kontakt haben.
Das waren nur einige von Christines Gästen.

Am Abend, kurz bevor ich mich von Dir verabschiedete, um in mein Quartier zu gehen (ich hatte mir in der Nähe der Klinik ein Zimmer genommen, um auch nachts notfalls schnell erreichbar zu sein), konnte ich meine Tränen nicht mehr zurückhalten. Du bemerktest es und sagtest: *„Weine nicht, geh jetzt, du brauchst noch viel Kraft!"*
Wie recht Du hattest. Dieser Satz begleitet mich seither fast täglich. Christine, Du brauchtest doch selber so viel Kraft und woher hattest Du die Weisheit, die Vorausschau? Danke für Deine Fürsorge, Deine Liebe, mein Kind.
All die vielen, oft unangenehmen Untersuchungen wie Lungenpunktion, CT, Mammografie, Entnahme von Gewebsproben, ärztliche „Begutachtung" – manchmal standen vier oder fünf Ärzte gleichzeitig mit besorgten Gesichtern um Dich herum – hast Du mit unglaublicher Geduld und ohne jemals zu jammern ertragen. Und dann hingen immer noch die Fragen: „Wann werde ich operiert?" und „Was kommt danach?" wie ein Damoklesschwert über Dir. Es war mir ein großes Anliegen, Dir zu sagen: „Du bist so stark, ich bin

sehr stolz auf Dich!" Du hast die Arme hochgerissen und geantwortet: „Was bleibt mir denn anderes übrig!?"
Heute, nachdem ich Dein, unser Leben Revue passieren ließ, glaube ich, dass Du dies des Öfteren in Deinem Leben dachtest, wenn Du mal wieder Widerstände überwinden und Unangenehmes durchstehen musstest. Du bist eine sehr mutige Seele!

Heute besuchten Dich Tante Ingrid und Barbara mit ihrer jüngsten Tochter Tessa. Du freutest Dich so sehr über die Wertschätzung, die sie Dir entgegenbrachten. Barbara erzählte von ihrem Urlaub und den Delfinen, die sie in offenem Gewässer erleben durften. Delfine gehörten zu den Tieren, die Du besonders mochtest. Mit großen Augen, voller Interesse und Deine Krankheit vielleicht für einige Momente vergessend, hörtest Du zu. Nach Rücksprache mit der Stationsschwester durfte Dir Tessa eine Tüte Schokoladeneis – Dein Lieblingseis spendieren. Du mochtest immer alles besonders gern rund um Schokolade. Tessa sagte später einmal: „Dass man sich so sehr über ein Schokoladeneis freuen kann, habe ich noch nie erlebt!" Christine, Du konntest Dich immer schon auch an den kleinen Dingen erfreuen.

An diesem Abend fand ich keine Übernachtungsmöglichkeit und fuhr deshalb mit Ingrid nach Hause zurück. Dort angekommen riefen wir Dich an und Du konntest ein kurzes „Miauen" von Katinka mit in den Schlaf nehmen.

Am frühen Morgen schicktest Du mir eine SMS: „Gute Fahrt! Christine".

Bald war ich wieder bei Dir.

Alle Deine Nachrichten sind noch auf meinem Handy abrufbar; sie zu lesen tut jedoch noch immer sehr weh.

Gestern noch durftest Du in dem relativ ruhigen Zweibettzimmer sein, doch heute musstest Du wieder in die Intensivüberwachungsstation verlegt werden. Dein Zustand hatte sich verschlechtert. Und immer noch kein OP-Termin.

Heute, am Sonntag, dem 30.5.2010, besuchte Dich Deine Freundin Esther. Zusammen habt ihr ein Album aus Deinen Kindertagen angeschaut und gemeinsam überlegtet ihr, *wo Du Dein geplantes Fest feiern könntest* – es sollte unbedingt im Freien sein. Esther meinte, dass das Fest vielleicht auf ihrer Terrasse stattfinden könnte.
Doch dann wurdest Du aus Deinen Träumen gerissen, denn die Schwester kündigte eine Bluttransfusion an, die Du erhalten solltest in der Hoffnung, dass sich danach Dein Zustand bessert. Also Abschied von Esther – diesmal für immer.
Durch die Bluttransfusion sollte der Sauerstoffgehalt in Deinem Blut angereichert werden und wenn dies Erfolg hätte, könnte eine Operation gewagt werden. Aber es half nichts. Du wurdest immer schwächer und eine Operation war von da an ganz ausgeschlossen. Der Krebs hatte sehr früh Metastasen gebildet und viele Organe befallen. Das Tückische an dieser Krebsart ist, dass man lange nichts spürt, und wenn, dann ist sie so weit fortgeschritten, dass kaum noch Hilfe möglich ist. Wenn ich mich recht erinnere, war es auch an diesem Tag, als Du zu mir mit schwacher Stimme sagtest: „Ich möchte nicht auf dem OP-Tisch sterben!"
Das Gefühl, das durch diese Bemerkung in mir ausgelöst wurde, lässt sich nicht in Worte fassen.
Vor einiger Zeit hast Du Dir eine Stoff-Fledermaus gekauft und am Dachfenster Deiner Wohnung angebracht. Als ich das Tier zum ersten Mal sah, erschrak ich ein wenig und wunderte mich, wie Du daran Gefallen finden konntest. Und dann kam mir vor Wochen ein Buch in die Hände. „*Unsere Tiere – Botschafter der Liebe*" von Gertraud Radke. Dort steht unter „Fledermaus" Folgendes:

„Die Fledermauskraft zeigt an, dass ein Teil des alten Lebens nicht mehr zu den Anfängen einer neuen Entwicklung passt. Entweder müssen wir nur alte Gewohnheiten aufgeben oder wir nehmen eine Stellung im Leben ein, die uns auf eine Wiedergeburt vorbereitet. Wenn wir der Bestimmung Widerstand entgegensetzen, kann das ein langes, sich ewig hinziehendes

oder schmerzhaftes Sterben sein. Das Universum verlangt immer, dass wir wachsen und uns die Zukunft aneignen."

Du hättest noch so gerne gelebt, doch hast Du Deiner Bestimmung keinen Widerstand entgegengesetzt.

Als ich an diesem Morgen die Intensivüberwachungsstation betrat, sagte man mir, dass Du vorerst wieder zurück ins heimische Krankenhaus verlegt wirst, und anschließend sollte man an die Aufnahme in ein Pflegeheim denken. Es war Dienstag, der 1.6.2010.
Sofort rief ich in dem Pflegeheim an, in dem ich über einen längeren Zeitraum ehrenamtlichen Besuchsdienst übernommen hatte, und man sagte mir eine Aufnahme in einigen Tagen zu. Und dann war auf einmal auch Dein Vater da.
Die Männer vom Roten Kreuz, die den Transport übernehmen sollten, waren auch schon bereit. Die Ärztin übergab mir die „Entlassungspapiere" und ich beeilte mich, mein Auto zu holen, um hinter dem Krankenwagen herfahren zu können – wenigstens in der Nähe meines Kindes. Ich hätte Dich viel lieber im Krankenwagen begleitet, Deine Hand gehalten. Dein Vater meinte, er habe keine Zeit, uns zu begleiten, er stand unter beruflichem Stress.
Ich sagte Dir schnell, dass ich mit dem Auto hinterherfahre, zu mehr war keine Zeit, alles lief sehr hektisch ab. Ich hätte erwartet, dass mich das Krankenhaus telefonisch vorab informiert – meine Nummer hatte ich ja hinterlassen. Nach Tagen voller Angst, Sorgen und wenig Schlaf war ich ziemlich nah an meiner Belastungsgrenze. Im Auto wartete ich, bis der Krankenwagen kam. Der Beifahrer kurbelte das Fenster herunter und sagte, dass gerade das Navigationsgerät ausgefallen sei und ich vorausfahren solle. Was für eine Verantwortung! Ich hatte kein Navigationsgerät, doch zum Glück kannte ich zwischenzeitlich die Strecke und dann ging Gott sei Dank auch alles gut.

Im heimischen Krankenhaus wurdest Du wieder in das Zimmer verlegt, in dem Du schon vor neun Tagen warst. Für die nächsten beiden Tage und Nächte hatten wir das Zimmer ganz für uns alleine.

„Nicht ein Gezeichneter – ein Erwachender ist der Krebspatient … Wenn aber trotz aller Bemühungen die Krankheit im irdischen Sinne nicht geheilt werden kann, so wird die Auseinandersetzung mit der Krankheit und den Lebensproblemen, das Kämpfen um innere Klarheit und schließlich das Bejahen des eigenen Weges in jedem so Ringenden Lebensfrüchte schaffen, die über den Tod hinaus wirken werden."

Auszug aus einer Broschüre über „Krebs – die Krankheit unserer Zeit".

Abschied – nicht für immer

„Mami, Mami!"
„Ja, mein Schatz, ich bin bei Dir, ich hab Dich lieb!"
In den letzten beiden Tagen hier auf Erden bist Du im Krankenhaus immer wieder kurz aus Deinem „Dämmerschlaf" aufgewacht und hast nach mir gerufen. Wochen vorher, als wir noch nichts von Deiner bösartigen und heimtückischen Krankheit wussten – oder ahntest Du schon etwas? – hast Du mich „Mami" gerufen und anschließend gemeint: „Merkst du was, ich sage wieder Mami zu dir!" So hast Du mich als kleines Kind immer genannt. Zu meiner Schande muss ich gestehen, dass es mir nicht gleich aufgefallen ist.

Durch die Schmerzmittel befandest Du Dich meistens in einer Art „Dämmerschlaf" und immer dann, wenn Du zu Dir kamst, verlangtest Du nach etwas Trinkbarem. Vorsichtig, sehr darauf bedacht, Dich nicht zu verschlucken, nahmst Du nur kleine Mengen aus der Schnabeltasse zu Dir. Später waren Deine schönen schmalen Hände so zittrig, dass ich die Tasse für Dich hielt. Zuletzt konnte ich Deine Lippen und den trockenen Mund nur noch mit Zitronenwattestäbchen anfeuchten. Manchmal tauchte ich sie in etwas Schokopudding, Apfelmus oder Joghurt, um Dir einen besonderen Geschmack zu gönnen – essen konntest Du ja seit Tagen nichts mehr und wenn doch eine Kleinigkeit, so musstest Du Dich nach kurzer Zeit wieder übergeben. Beinahe gierig saugtest Du die Stäbchen aus, um kurz danach wortlos wieder in Deinen „Dämmerschlaf" zu versinken.
Es war von großem Vorteil, dass wir jetzt ein Zimmer für uns alleine hatten, auch durfte ich in den beiden folgenden Nächten bei Dir bleiben.
An Schlaf war allerdings nicht zu denken, doch dies war zu dieser Zeit auch nicht wichtig. Wichtig für mich war, bei Dir sein zu dürfen. Dir

zu zeigen, dass Du nicht alleine bist. Immer wieder war Dein „Mami, Mami" zu hören, wenn Du zu Dir kamst; ich benetzte dann Deine trockenen Lippen – ich konnte ja sonst nichts für Dich tun.
Einmal, in der vorletzten Nacht – zu diesem Zeitpunkt wusste ich noch nicht, dass Deine Stunden hier auf Erden gezählt sind – wachtest Du auf und sagtest mit klarer, fester Stimme: *„Jetzt können wir mit dem Buch weitermachen!"*
Völlig überrascht antwortete ich: „Ich habe kein Buch!"
„Doch!", sagtest Du ganz energisch.
Da fiel mir ein, dass ich mir für unterwegs ein Taschenbuch eingesteckt hatte, holte es hervor und zeigte es Dir. Nein, an einem Buch über Taoismus warst Du nicht interessiert und dieses konntest Du auch nicht gemeint haben.
Tage vorher in der Uniklinik las ich Dir die eine oder andere Geschichte vor. Vielleicht war Dir dies noch in Erinnerung. Vielleicht meintest Du auch das Buch, welches Du Wochen, bevor Du ins Krankenhaus musstest, gelesen hast. Der Titel dieses Buches lautete: *„Wir sehen uns wieder in meinem Paradies"*. Darin ging es um ein junges tumorkrankes Mädchen, das letztendlich sterben musste!?!?
Ich glaube, Du warst etwas enttäuscht – was ja auch verständlich war. Kurz darauf tauchtest Du wieder unter in Deinen Traum- oder Schlafzustand.
Jetzt, im Nachhinein, tut es mir unendlich leid, nicht mehr Fantasie aufgebracht zu haben, um Dir stattdessen eine Geschichte vorzulesen oder das Vaterunser aufzusagen. Doch immer wieder, Deine Brust streichelnd, sprach ich zu Dir:

„Von guten Mächten wunderbar geborgen, erwarten wir getrost, was kommen mag.
Gott ist bei uns am Abend und am Morgen und ganz gewiss an jedem neuen Tag."

Kein Gedanke, kein Wort geht verloren. Vielleicht konnte Deine Seele diesen trostreichen Satz aufnehmen.

Was sich im inneren Erleben eines Sterbenden abspielt und welche Bewusstseinszustände dabei erfahren werden, konnte ich nicht wissen. Noch nie in meinem 63-jährigen Leben war ich einer solchen Situation ausgesetzt. Ich saß am Bett meiner einzigen geliebten Tochter Christine und musste hilflos zusehen, wie sie von Tag zu Tag schwächer wurde.
Erst Monate nach Deinem Weggang auf die „andere Seite", als ich möglichst viel wissen wollte über den Sterbevorgang und auch eine Bestätigung suchte, ob ich Dich, mein Kind, richtig begleitete, stieß ich auf das folgende Buch: *„Keine Seele geht verloren"* von B. Jakoby. Sehr anschaulich wird darin unter anderem der innere Wandel im Sterbeprozess mit den Sterbephasen beschrieben. Es wäre mir eine große Hilfe gewesen, hätte ich dies alles schon vorher gewusst.

Einen kleinen Ausschnitt aus diesem Buch möchte ich nachfolgend wiedergeben, da ich glaube, dass Du, Christine, Dich in der oben beschriebenen Nacht und in der folgenden in einem solchen Zustand befandest.

„Die ersten Anzeichen des einsetzenden Sterbeprozesses zeigen sich dadurch, dass die Waage zwischen Leben und Tod zu schwingen beginnt. Wenn die Bewegungsfreiheit eines Menschen durch eine schwere Krankheit so eingeschränkt ist, dass er mehr liegt als er sitzt oder steht, lässt die Erdung nach. Die Traumwelt wird angeregt und auch am Tag werden längere Alphazustände erlebt. Eine erste sanfte Lockerung zwischen dem Körper und dem Ätherleib stellt sich ein … Ein seltsamer, aber durchaus angenehmer Schwebezustand zwischen Schlaf, Traum und Wachzustand."

Plötzlich, ich weiß nicht, wie viel Zeit zwischenzeitlich verging, sagtest Du auf einmal zu mir: „Wenn *wir uns wiedersehen, holen wir alles nach!*" Du sagtest dies mit einer solchen Zuversicht und Selbstverständlichkeit, dass ich einfach nur antworten konnte: „Ja, alles!" Um was es sich auch immer in Deinem „Traum" handelte. Und doch zog sich vor Schmerz alles in mir zusammen, denn ich spürte wohl, dass wir in diesem Erdenleben nichts mehr gemeinsam werden unternehmen können. Und heute, 660 Tage nach Deinem Weggang, bin ich überzeugt, dass wir uns wiedersehen; ich sehne mich so sehr danach, ich freue mich so sehr auf Dich, Christine.

Am nächsten Morgen besuchte Dich Dein Vater zusammen mit Janine, Cousine Barbaras ältester Tochter. Ich weiß nicht, ob Du die beiden in Deinem „Dämmerschlaf" wahrnehmen konntest. Sie jedenfalls standen hilflos und sprachlos an Deinem Bett. Die Trauer war ihnen anzusehen. Wie sollte man auch verstehen, dass ein liebenswerter junger Mensch, der so gerne lachte, plötzlich so schwer krank vor einem lag. Noch während ihrer Anwesenheit kam die zuständige Ärztin ins Zimmer und ich fragte sie, warum Du keine künstliche Ernährung bekommst, da Du doch seit Tagen nichts mehr essen kannst und immer schwächer wirst. Antwort: „Ihre Tochter liegt im Sterben, hat man Ihnen das in der Uniklinik nicht gesagt?"
Nein, hat man nicht. Dort wurde sogar von einer Pflegeeinrichtung für Dich gesprochen. Wie verhält man sich, was denkt man in solch einem Augenblick, wenn dir gesagt wird, dass dein Kind, 42 Jahre jung, das du ein Leben lang durch gute und schlechte Zeiten mehr oder weniger begleitet hast, „im Sterben" liegt? Ich jedenfalls konnte keinen klaren Gedanken fassen. In diesem Moment war mir die Tragweite dieser Aussage nicht bewusst, obwohl sie doch deutlicher nicht hätte sein können.

Ein fast unerträglicher, aggressiver Schmerz, tiefe Traurigkeit, Vorwürfe über Versäumtes kamen erst später zum Ausdruck und hielten mich sehr, sehr lange gefangen.

Christine, Du lagst so friedlich in deinem Krankenbett, so, als ob Du jeden Augenblick aufwachen und nach dem Frühstück fragen würdest. Ich sagte der Ärztin, dass Du noch einmal Dein Kätzchen Katinka sehen möchtest. Wenn wir sie so „einschleusen" können, dass sie von niemandem bemerkt wird, wolle sie ein Auge zudrücken. Sofort rief ich Barbara an und bat sie, Katinka noch heute vorbeizubringen, da Du Dich von ihr verabschieden möchtest. Auf Barbara war Verlass – sie litt auch sehr unter Deinem Zustand. Den Kopfteil Deines Bettes hatten wir etwas angehoben, so dass Du aufgerichtet sitzen konntest – seit Tagen konntest Du nur noch auf dem Rücken liegen; in Seitenlage schmerzte Dein Bauch, angeschwollen vom Krebsgeschwür und dem vielen Wasser, das sich wieder angesammelt hatte und das nun nicht mehr „abgepumpt" wurde. Barbara setzte Katinka auf die Bettdecke und da Du „abwesend" warst, nahmen wir Deine Hand und legten sie auf Katinkas Rücken, damit Du ihr weiches Fell spüren solltest. Katinka drückte sich regelrecht in die Decke und schaute Dich aus ihren peridotgrünen Augen erwartungsvoll an.

Da, auf einmal kamst Du zu Dir und bemerktest in einem kurzen Augenblick Deinen Liebling mit dem Ausruf: „Ah, mein Schätzele!" Danach sankst Du wieder in die Kissen zurück und warst nicht mehr ansprechbar. Barbara und Janine versuchten noch einmal, Dich auf Dein Kätzchen aufmerksam zu machen, doch für eine weitere Begegnung hattest Du keine Kraft mehr. Noch einmal kamst Du kurz zu Dir und sagtest: „Genug!"

Genug konntest Du von Katinka nie bekommen. Zwölf lange Jahre wart ihr beiden ein gutes Team. Du hattest sie im Alter von wenigen Monaten aus dem Tierheim geholt und ihr ein liebevolles Zuhause geschenkt.

Doch jetzt warst Du wohl schon auf dem Weg in eine andere Dimension und da ist weder Raum für Deine Katzenfreundin noch für uns.

Katinka krallte sich an der Bettdecke fest und wollte sich nicht von Dir trennen. Das mit anzusehen war ein sehr schmerzhafter Vorgang für unsere Seelen.

Später berichtete Barbara, dass Katinka während der Autofahrt zum Krankenhaus ständig miaute und jammerte (sie fuhr noch nie gerne Auto). Doch als sie das Krankenhaus betraten, Katinkas Tragekorb mit einem Teppich zugedeckt, war sie auf einmal mucksmäuschenstill. Bestimmt spürte sie, wie wichtig es war, nicht entdeckt zu werden.

Dann kam unausweichlich Deine letzte Nacht hier auf diesem Erdenplan.

Mein Bett hatte ich ganz nah an das Deine geschoben und meine Tageskleider anbehalten. Ich döste wohl vor mich hin, als ich in einem etwas ängstlichen Ton „Mami, Mami!" hörte. Vielleicht hattest Du schlecht geträumt. Schnell wandte ich mich Dir zu, benetzte Deine trockenen Lippen und Deinen Mund und redete zärtlich zu Dir. Überhaupt habe ich Dir manchmal, wenn Du im Schlaf- oder Traumzustand warst, von gemeinsamen Erlebnissen erzählt.
Von jetzt an stand ich an Deinem Bett, streichelte, wie schon so oft in den letzten Tagen, Deine Brust, begleitet von den Worten: *„Von guten Mächten wunderbar geborgen erwarten wir getrost, was kommen mag. Gott ist bei uns am Abend und am Morgen und ganz gewiss an jedem neuen Tag."*

Beruhigt schliefst Du wieder ein. Doch dann, auf einmal, hörte ich wieder Deine feste, klare Stimme, wie sie sagte: *"Komm, wir ziehen uns an und gehen heim!"*
Wie gerne, mein liebes Kind, hätte ich Dir diesen Wunsch erfüllt. Doch in dieser Nacht mussten sich unsere Wege trennen. Du bist in eine bessere Welt vorausgegangen, begleitet von Deinem Schutzengel. Eine Welt, in die ich Dir erst später werde folgen können.

Oft musste ich vor allem an diese drei Sätze denken, die Du in Deinen letzten beiden Erdentagen hier zu mir sagtest. In jedem dieser Sätze kam das Wort WIR vor. Für dieses WIR bin ich Dir unendlich dankbar.

Friedlich und entspannt lagst Du auf dem Rücken, auf der Stirn einen feuchtkalten Waschlappen zur Kühlung. Dein Atem ging gleichmäßig, aber schwer, gerade so, als ob Du einen hohen Berg bezwingen müsstest. Jetzt konnte ich, wenn auch unter Tränen, endlich beten (Tage zuvor war mir das nicht möglich, sofort brach ich in Tränen aus, die in einen Weinkrampf auszuarten drohten; ich wollte und musste doch stark sein). Nach diesem Gebet sprach ich immer wieder, während ich sanft Deine Brust streichelte, die folgenden Worte zu Dir: „Gott führt Dich in Frieden zum Licht!" Ich weiß nicht, ob Du mich hörtest. Etwa bis vier Uhr morgens, ohne wirklich zu Dir zu kommen, sagtest Du immer wieder: „Mami, Mami!" „Ja, mein Schatz, ich bin bei Dir, ich hab Dich lieb", war jedes Mal meine Antwort.

Später in der Nacht kam die Nachtschwester, um mir beizustehen. Christine, Du bekamst jetzt eine stärkere Dosis Schmerzmittel – ich weiß nicht, ob das richtig war, aber ich hatte ja keinerlei Erfahrung und musste Vertrauen in die Arbeit der Ärzte und Schwestern haben. Zusehen müssen, wie Du unter Schmerzen leiden könntest, war ein unerträglicher Gedanke für mich und trotzdem, heute würde ich kritisch nachfragen und nicht einfach alles geschehen lassen. Die Schwester gab mir ein kleines Fläschchen mit Lavendelöl und fortan rieb ich Deine Brust mit dem Duftöl ein. Einige Tropfen träufelte sie Dir in die Nasenöffnung, da die Schleimhäute durch die ständige Sauerstoffzufuhr ausgetrocknet waren – vielleicht konntest Du auch noch den Duft wahrnehmen. Eine CD spendete leise Musik, während Dir die Schwester den Arm streichelte und mit sanfter Stimme zu Dir sprach.

Ich sagte ihr, dass Du schon seit längerer Zeit Karten hättest für ein Open-Air-Konzert Deiner derzeitigen Lieblingsgruppe PUR, das am nächsten Donnerstag in Stuttgart stattfinden sollte. Lange schon hattest Du Dich darauf gefreut. Nun musst Du auch darauf verzichten. Schade.

Sie erzählte mir, dass ihre Schwester auch Christine hieß und im vergangenen Jahr 40-jährig gestorben sei. Sie habe sich für ihre Trauerfeier das Lied *„Adler sollen fliegen"* von PUR gewünscht.

„Ja!", sagte ich ganz spontan. „Das werde ich an Christines Trauerfeier auch spielen lassen!"

Und so geschah es. Von alleine wäre ich da nie draufgekommen.

Jetzt wurde Dein Atem schwerer und röchelnd und Dein gutes Herz pochte immer schneller und lauter. Die Augen hattest Du geschlossen. Und dann, auf einmal, war es still.

Ich stand da wie gelähmt. Die Schwester entnahm die Sauerstoffröhrchen, kondolierte mir und ging. Beim Weggehen bat ich sie, die Fenster zu öffnen, damit Deine Seele, Christine, aufsteigen konnte. Wie naiv von mir, doch damals wusste ich es nicht besser. Erst später las ich, dass unsere Seelen durch Mauern, geschlossene Türen und Fenster schweben können. Was für eine schöne Vorstellung.

Nun war ich wieder alleine mit Dir, mein Kind, so wie damals, als Du mir nach der Geburt, aus der Narkose erwachend, in den Arm gelegt wurdest. Damals war dies ein freudiges Ereignis. Aber heute?

Den 3. Juni 2010, Fronleichnam, 7.05 Uhr, umgab in diesem kargen Krankenzimmer eine unsagbare, endgültige Stille, die sehr, sehr weh tat. Ich fühlte, dass ein Teil von mir mit Dir gegangen war.
Du schönes, noch junges Kind lagst da, als ob Du schlafen würdest. Dein Gesicht, durch die Krankheit schmaler geworden, umrahmt von Deinen langen Haaren, auf die Du immer so stolz warst, wirkte so zart und zerbrechlich, so friedlich.

Was erlebtest Du in diesen letzten Stunden Deines Erdenlebens? Ich werde es nie erfahren. Doch ich vertraue Gott, dass Dich sein Engel zum Licht führte.

„… *So geht des Menschen Weg vom Tode zum Leben. Könnte er mit vollem Bewusstsein in der Sterbestunde zu sich sprechen, so müsste er sich sagen: ‚Das Sterbende war mein Lehrmeister. Dass ich sterbe, ist eine Wirkung der ganzen Vergangenheit, mit der ich verwoben bin. Aber das Feld des Sterblichen hat mir die Keime zum Unsterblichen gereift. Diese trage ich in eine andere Welt mit hinaus …'"*
Rudolf Steiner „*Wie erlangt man Erkenntnisse der höheren Welten?"*

Von guten Mächten

Christine, während Deines wenige Tage währenden Aufenthalts in der Uniklinik stelltest Du mir eines Tages folgende Frage: „Von guten Mächten … erinnerst du dich, das ist unter so traurigen Umständen entstanden?"

Ich war völlig überrascht, da ich mir sicher war, nie mit Dir über dieses Lied gesprochen zu haben. Sicher, wir kannten es vielleicht aus dem Religionsunterricht oder aus den Gottesdiensten, die wir früher besuchten.
Ich sagte: „Ja, ich glaube, das stammt von Dietrich Bonhoeffer, der dieses Lied damals für die jüdischen Menschen schrieb, die so sinnlos und elend in den Gaskammern umkamen und die er begleitete!"
Du lagst unheilbar krank, einer schweren Operation entgegensehend und täglich schwächer werdend, im Krankenhaus und dachtest an das Elend dieser Menschen. Was ging in Deiner Seele vor?
Für mich war dieser Dein Gedanke ein Ausdruck großer Barmherzigkeit.
Dann bemühte ich mich, den Text aufzusagen, doch leider fiel mir nur der erste Vers ein. Da ich fast stündlich an Deinem Krankenbett war und deshalb keine Möglichkeit hatte, mir das Lied zu Hause am Computer herunterzuladen – ich wollte Dir doch das ganze Lied „schenken" –, rief ich Deine Cousine Barbara an und bat sie, uns diesen Text beim nächsten Besuch mitzubringen.
Und dann, endlich, durfte ich Dir vorlesen. Ohne mich zu unterbrechen, mit großer Aufmerksamkeit hast Du mir zugehört.

Von guten Mächten wunderbar geborgen erwarten wir getrost, was kommen mag. Gott ist bei uns am Abend und am Morgen und ganz gewiss an jedem neuen Tag.

Von guten Mächten treu und still umgeben, behütet und getröstet wunderbar, so will ich diese Tage mit euch leben und mit euch gehen in ein neues Jahr.

Noch will das alte unsere Herzen quälen, noch drückt uns böser Tage schwere Last. Ach Herr, gib unseren aufgeschreckten Seelen das Heil, für das du uns geschaffen hast.

Und reichst du uns den schweren Kelch, den bittern, des Leids, gefüllt bis an den höchsten Rand, so nehmen wir ihn dankbar ohne Zittern aus deiner guten und geliebten Hand.

Doch willst du uns noch einmal Freude schenken an dieser Welt und ihrer Sonne Glanz, dann woll'n wir des Vergangenen gedenken, und dann gehört dir unser Leben ganz.

Lass warm und hell die Kerzen heute flammen, die du in unsre Dunkelheit gebracht, führ, wenn es sein kann, wieder uns zusammen! Wir wissen es, dein Licht scheint in der Nacht.

Wenn sich die Stille nun tief um uns breitet, so lass uns hören jenen vollen Klang der Welt, der unsichtbar sich um uns weitet, all deiner Kinder hohen Lobgesang.

Wir unterhielten uns nicht über den Inhalt; es war wohl alles gesagt. Mich jedoch berührte ein undefinierbares Unbehagen beim Vorlesen, weil in diesem Text so viel schmerzhafter Abschied liegt. Ich hätte Dir lieber etwas Erfreulicheres vorgelesen. Doch es schwingt auch viel Hoffnung mit und es waren ja Deine Gedanken, die sich mit diesem Thema beschäftigten.
Ab diesem Tag habe ich, ob Du wach warst oder geschlafen hast, immer wieder die Worte des ersten Verses, an Deinem Bett stehend, aufgesagt.

Später habe ich im Lexikon nachgeschlagen und folgenden Text gefunden:
„*Bonhoeffer, Dietrich, dt. prot. Theologe, * 1906 † (hingerichtet) 1945; tätig in der Bekennenden Kirche und in der Widerstandsbewegung.*"

Nach Deinem Weggang auf die „andere Seite" habe ich damit begonnen, viel zu lesen. Ich spürte ein großes Bedürfnis nach Wissen über den irdischen Tod, das mögliche Leben danach, die Entwicklung der Seele und des Geistes. Bisher war ich viel mehr mit den materiellen Dingen des Lebens beschäftigt. Jetzt wollte ich etwas für meinen Geist, meine Weiterentwicklung tun. Aber vor allem wollte ich einen Weg finden, Dir nahe zu sein, Dir Gutes zu tun, auch über den irdischen Tod hinaus.

Dein Weggang war ein so unglaublich schmerzhafter Einschnitt in meinem Leben, nie hätte ich gedacht, dass ein Mensch so viele Tränen haben könnte. Ich weiß nicht mehr, wie, aber eines Tages wurde ich auf das Buch von Rudolf Steiner „*Das Leben nach dem Tod*" aufmerksam. Wer sucht, der findet. Ich habe das Buch regelrecht verschlungen und mehrmals gelesen. Es zeigte mir den Weg zu Deiner Seele.

Ein Abschnitt daraus hat mir etwas geholfen, Deinen allzu frühen Tod anzunehmen.

In dem Kapitel „*Das Leben zwischen Tod und Wiedergeburt des Menschen*" steht sinngemäß Folgendes:

„*Der Geistesforscher findet zum Beispiel ein Leben, welches zwischen Geburt und Tod früher, als es normal ist, entweder durch Krankheit oder durch Unglück abgeschlossen wird, dass dies für das andere Leben zwischen Tod und Wiedergeburt so wirkt, dass durch das frühzeitige Eindringen in die geistige Welt Kräfte für die Seele geschaffen werden, welche sonst für sie nie da gewesen wären.*

So sonderbar es klingt, so paradox es erscheinen mag; was uns aus unserem früheren Erdenleben fehlen kann, um alle Kräfte zu entwickeln, die uns wiederum durch andere Verhältnisse eigen sein können, das kann uns vielleicht nur dadurch kommen, dass wir unser Leben früher abschließen, als es für einen Menschen normal ist."

Ackerstiefmütterchen

Christine, gerne und oft denke ich an unseren letzten Spaziergang zu den „Weiherwiesen" zurück. Unser Weg führte über einen langgezogenen, grasbewachsenen Hügel, der in einen Waldweg mündete. Auf dieser Höhe blies meistens ein scharfer Wind und erst im nahenden Wald ließ er von uns ab.
Früher legten wir diesen Weg auch mit unseren Langlaufskiern zurück und jedes Mal fielen uns fast die Finger ab, so grausam kalt war es dort oben. Erst im schützenden Wald konnten wir wieder aufatmen und zu unserer Wärme zurückfinden.
Es war an einem Wochentag im Frühling und außer uns waren kaum Menschen unterwegs. Wenn wir durch einen Wald gingen und es irgendwo verdächtig knisterte, fürchtete ich mich jedes Mal. Du hattest offensichtlich keine Furcht und sagtest dann manchmal: „Du siehst zu viele Krimis!"
Heute fürchte ich mich vor nichts mehr; ich habe nichts mehr zu verlieren.
Nach ca. 40-minütigem Fußmarsch erreichten wir eine Lichtung und erblickten rechts von uns über bestellte Felder und Äcker den großen Weiher. Mit seinem dunklen, geheimnisvollen Auge schaute er zu uns herüber. Der kleine Weiher versteckte sich noch hinter Bäumen. Wir bogen in den Feldweg ein, der zu den beiden Weihern führt. Gesprochen hatten wir bisher wenig. Plötzlich jedoch bliebst Du stehen, schautest auf die Erde und sagtest: „Oh, guck amol, dia gfallad mir!"
„Ackerstiefmütterchen, ja, die sind hübsch, die sieht man selten zu dieser Jahreszeit!", sagte ich.
Noch heute höre ich Deine Stimme und ich freue mich, dass Du mich auf etwas aufmerksam machtest. War doch sonst ich meistens diejenige, die Dich auf dieses oder jenes hinwies.

Du entdecktest am Wegrand zwei kleine blassgelbe Ackerstiefmütterchen. Wir hätten Deiner Entdeckung mehr Aufmerksamkeit schenken sollen, das hätten die beiden verdient. Wenn man sie nämlich genauer betrachtet, entdeckt man, dass sie mindestens so schön sind wie eine Orchidee.
Wir gingen jedoch weiter zum kleinen Weiher und setzten uns auf die Bank, die überschattet von einer großen Buche, angelehnt an eine alte Eiche, dort nah am Ufer stand. Wir genossen die Ruhe und den Frieden, den dieser Ort immer wieder von Neuem und zu jeder Jahreszeit ausstrahlt. Die schwarzen Blesshühner mit ihren weißen Streifen auf der Stirn tummelten sich vergnügt im Wasser.

Mir fiel das Gedicht von Annette von Droste-Hülshoff ein, das so treffend zu dieser Stimmung hier passt.

Der Weiher

Er liegt so still im Morgenlicht,
so friedlich wie ein fromm' Gewissen.
Wenn Weste seinen Spiegel küssen,
des Ufers Blume fühlt es nicht;

Libellen zittern über ihn,
blaugoldne Stäbchen und Karmin,
und auf des Sonnenbildes Glanz
die Wasserspinne führt den Tanz;

Schwertlilienkranz am Ufer steht
und horcht des Schilfes Schlummerliede;
ein lindes Säuseln kommt und geht,
als flüstre's: Friede! Friede! Friede!

Aus der mitgebrachten Thermoskanne stärkten wir uns mit Kaffee. Der Kuchen war das Einzige, was fehlte. Nach einem Rundgang um den großen Weiher stapften wir durch sumpfiges Gras wieder zurück zum Waldrand.

Christine, Tage später fiel mir ein Lied von Harald Immig, dem Liedermacher vom Hohenstaufen ein, das so gut zu Deiner Entdeckung passt. Der Text lautet:

Ackerstiefmütterchen

Bescheiden still am Ackerrand,
dort wo der Weg ins Gras sich neigt
und von so manchem unerkannt,
sich leis' ein kleines Blümlein zeigt.

Wie eines bleichen Kind's Gesicht,
das müd sich gegen Scheiben drückt
und lange spürt die Sonne nicht,
wer hat sich je nach dir gebückt?

Nur wer dein lichtes Aug' geschaut,
der kann dir Freund und Bruder sein.
Nur dem hast du dich anvertraut,
du unscheinbares Blümelein.

Christines Hereinwirken in diese Welt

„… Und wenn wir es dahin bringen, die Erinnerung wach und lebendig zu erhalten an unsere lieben Toten, wenn wir auch im Wachzustande diese Gedanken in lebhafter Bildhaftigkeit immer wieder und wiederum vor uns haben, dann macht das, was wir im Wachen als Erinnerungsbilder liebevoll in uns tragen, für die Toten, dass die Toten hereinwirken können in diese Welt, ihren Willen herein ergießen können und dass in dem Willen der Lebendigen der Wille der Toten weiterlebt …"
Rudolf Steiner aus: *„Das Leben nach dem Tod"*

Anfang September, Christine war nun schon seit 95 Tagen auf der „anderen Seite", begleitete mich meine Schwester Ingrid zu den „Weiherwiesen". Auch diesmal begegnete ich, bescheiden am Ackerrand stehend, Ackerstiefmütterchen, und Christines Worte von damals klangen wieder in meinem Ohr – wie jedes Mal, wenn ich diesen Weg entlanggehe. Diesmal bückte ich mich und schenkte ihnen meine ganze Aufmerksamkeit und wieder musste ich weinen. Wir setzten uns schweigend auf die Bank vor dem kleinen Weiher, jeder seinen eigenen Gedanken nachhängend. Meine Gedanken sowieso wie immer bei meinem Kind. An der Stelle, wo Christine damals saß, zündete ich ein Teelicht an und schmückte den Platz mit etwas Heidekraut und einem Schneckenhäuschen.

Plötzlich, es ging kein Wind, kam ein großes gelbes Buchenblatt angeschwebt und landete genau neben dem Licht und für einen kurzen Moment umgab mich der Duft von Christines Haaren, so wie ich ihn in Erinnerung hatte, als ich mich von ihr zum letzten Mal verabschiedete.

Christine ist bei uns! Ich war wie benommen. Die Erkenntnis versetzte mich zuerst in Staunen, das sich schnell in Freude wandelte, doch dann kam wieder die dunkle Trauer – ich konnte sie ja nicht sehen, nicht umarmen. Ach, es gibt Gefühle, die kann man beim besten Willen nicht beschreiben.

Zu unserer Überraschung – wir waren nicht verabredet – kamen plötzlich Barbara und Tessa mit dem noch jungen Collie Luna auf dem schmalen Weg, der zum kleinen Weiher führt, zu unserer Bank, auf uns zu. Man könnte jetzt sagen: „So ein Zufall!", zumal gerade wir vier damals in der Uniklinik an Christines Krankenbett waren. „Ah, Christine!", sagte Barbara, als sie das Licht auf der Bank sah. Ja, Christine war bei uns.
Barbara kaufte Luna, der zum Therapiehund ausgebildet werden sollte, von dem Geld, das ich ihr aus Christines Nachlass überwiesen hatte. Noch war er ein niedliches, verspieltes Wollknäuel, das sich jedoch bald zum allseits beliebten Helfer mausern sollte. In Altenheimen und bei behinderten Menschen, die Barbara mit ihm zusammen besuchte, lockte er so manchen Menschen aus seiner Isolation, zauberte ein Lächeln auf die Gesichter. Später sollte ich mich an ihn erinnern.
Auf dem Heimweg pflückten wir einen kleinen Strauß Ackerstiefmütterchen, der einen Platz neben Christines Bild auf ihrer Kommode fand.

Am 23. März, also einen Tag nach Christines Geburtstag und erstem Engeltag, rief ich bei der örtlichen Diakonie an und sagte, dass ich ehrenamtlich eine Familie entlasten wolle, in der ein behindertes Kind lebt. Erst jetzt beim Niederschreiben fiel mir auf, dass ich mich unmittelbar nach Christines Engeltag für diesen Schritt entschied. Ich wollte endlich etwas Nützliches tun, auch, um mich aus meinem Schneckenhaus zu lösen, in das ich mich verkrochen hatte. Bei meinem letzten Kirchenbesuch konnte ich beobachten, wie eine junge Frau, ich nehme an, es war die Mutter, mit großer Geduld und Liebe mit ihrem Kind, einem etwa zehnjährigen geistig behinderten

Mädchen, umging. Das Kind war sehr unruhig und gab manchmal unartikulierte Laute von sich. Ich stellte mir vor, was diese Mutter doch täglich für eine Kraft aufwenden muss. Vielleicht kann ich einige Stunden in der Woche, indem ich mich mit einem kranken Kind beschäftige, eine Mutter entlasten.

Die Mitarbeiterin der Diakonie sagte mir, dass ab April keine Zivildienstleistenden mehr zur Verfügung stünden und sie mir ab 1.4.2011 einen vierzehnjährigen autistischen Jungen zuteilen könnte, der freitags für drei Stunden betreut werden möchte. Autistischen Menschen war ich bis zu diesem Zeitpunkt nicht begegnet, aber ich wollte es versuchen, zurück konnte ich dann immer noch.

Und so „beschnupperten" wir uns am 1. April. Zuerst ging's zum nahe gelegenen Spielplatz, denn schaukeln war eine seiner Lieblingsbeschäftigungen (auch Christine schaukelte früher gerne). Ich denke, die gleichmäßige Bewegung beruhigte ihn und tat ihm gut. Manchmal saß er bis zu einer Stunde wie festgeklebt auf der Schaukel. Anschließend wollte er zu McDonald's. Ich tat ihm den Gefallen, auch wenn es gegen meine Einstellung von Ernährung und Umweltverschmutzung ging. Ich brachte ihm Verständnis und Wertschätzung entgegen, hörte ihm zu, und er konnte auch Bitte und Danke sagen. Und so trafen wir uns nun jeden Freitag ab 15 Uhr. Manchmal ging's zum Griechen, Gyros essen, ein anderes Mal machten wir eine Autofahrt zum Ebnisee oder fuhren eine Strecke mit der S-Bahn. An Regentagen haben wir bei mir zu Hause Pfannkuchen gebacken, zusammen Marmelade gekocht oder Kniffel gespielt. Ab und zu las er mir vor oder ich stellte ihm einige einfache Rechenaufgaben.

Eines Tages sagte mir seine Mutter, die immer anwesend war, wenn ich ihn abholte, dass die Lehrerin ihn neulich beobachtet habe, wie er auf dem Weg zur Schule voller Angst vor einem Hund davongelaufen sei. „Da müsse man doch etwas tun."

Spontan fiel mir Barbaras Therapiehund Luna ein und in Übereinstimmung mit Mutter und Sohn entschieden wir uns für eine

Hundetherapie. Barbara hatte auch bald einen Termin für uns und so fuhren wir einmal wöchentlich in den kleinen, ca. vierzig Kilometer entfernten Ort. Auf dem großen eingezäunten Wiesengrundstück sprangen fünf Hunde aller Rassen ausgelassen umher. Er traute sich anfangs kaum, sich dem Zaun zu nähern, doch beim zweiten Termin suchte er sich schon Luna als Therapiehund aus. Barbara und ihre Kollegin Frauke bemühten sich mit viel Einfühlungsvermögen und Fachkenntnis, ihm die Angst vor Hunden zu nehmen. Und Woche für Woche konnten wir Fortschritte verzeichnen.

Einmal sagte Barbara zu mir: „Ich finde es gut, was du ihm ermöglichst." Ohne lange nachzudenken sagte ich: *„Das ist nicht mein Verdienst, das war ein Fingerzeig von oben."*

Nach sieben oder acht Therapiestunden begannen die Sommerferien und nach dieser Pause meinte er, jetzt brauche er keine Hilfe mehr. Er hatte gelernt, die Arme am Körper zu halten und nicht herumzuzappeln oder wegzulaufen und ruhig weiterzugehen, wenn ihm ein Hund begegnet.

Christine hatte früher auch Angst vor Hunden, doch diese Angst überwand sie mit eigener Kraft und ohne fremde Hilfe in Anspruch nehmen zu müssen. Und nun war sie, wie Barbara meinte, maßgeblich daran beteiligt, einem Jungen seine Angst zu nehmen. Ich bin sehr stolz auf mein Kind.

Gottvertrauen

Zum besseren Verständnis möchte ich dieses Thema mit Gedanken aus „*Das Leben nach dem Tod*" von Rudolf Steiner beginnen:

„*Wenn wir durch die Pforte des Todes gegangen sind, so haben wir eine wirkliche, eine reale Beziehung zu allen denjenigen Seelen, denen wir im Leben nahegetreten sind. Die treten wiederum auf vor unserem geistigen Blicke ...*
Unsere Gedanken an die sogenannten Toten, unsere fortdauernde Liebe und die Erinnerung an sie sind wie wärmende Geistesnahrung.
Man kann nämlich in der Tat außerordentliche Dienste leisten den vor uns hingestorbenen Menschenseelen, wenn wir ihnen von spirituellen Dingen vorlesen. Man liest nicht laut vor, sondern verfolgt mit Aufmerksamkeit die Gedanken, immer mit dem Gedanken an den Toten: Der Tote steht vor mir. Man muss den Gedanken wirklich durchdenken, Oberfläche genügt nicht.
Wie kann man wissen, ob der Tote wirklich zuhören kann?
Beim Vorlesen verbreitet sich oft eine eigentümliche Wärme, auf die man achten sollte."

Wie schon erwähnt, bat mich meine Tochter mit den Worten: „Jetzt können wir mit dem Buch weitermachen!" darum, ihr vorzulesen. Mit dem wunderschönen Gedanken, dass sie mich „hören" könnte, begann ich damit, ihr täglich vorzulesen, vor allem aus dem Johannes-Evangelium, auch wenn sich der Text öfters wiederholte. Manchmal glaubte ich, die oben erwähnte eigentümliche Wärme zu spüren – vor allem im Brustbereich.

Am 1. Januar 2011 las ich Christine aus ihrer Bibel vor, die sie zum Konfirmandenunterricht geschenkt bekam. An diesem Abend hatte

ich das Gefühl, dass sie ganz nahe bei mir war. Es erfordert eine Menge Konzentration, in Gedanken langsam vorzulesen, das Gelesene zu verinnerlichen und gleichzeitig an die geliebte Verstorbene zu denken. Das gelang mir nicht immer. Leicht schweifen die Gedanken ab oder man wird durch Geräusche gestört.
Schlagartig verspürte ich plötzlich ein unglaublich starkes Wärmegefühl, verbunden mit einem dumpfen Druck in der Brustgegend (keine Hitzewallung), und zwar genau bei dem folgenden Text aus dem Johannes-Evangelium 3.4:

„Gott liebte die Menschen so sehr, dass er seinen einzigen Sohn hergab. Nun wird jeder, der sein Vertrauen auf den Sohn Gottes setzt, nicht zugrunde gehen, sondern ewig leben. Gott sandte ihn nicht in die Welt, um die Menschen zu verurteilen, sondern um sie zu retten. Wer sich auf den Sohn Gottes verlässt, der wird nicht verurteilt. Wer sich aber nicht auf ihn verlässt, der ist schon verurteilt, weil er Gottes einzigen Sohn ablehnt. …"

Dieses Gefühl hielt während des gesamten obigen Textes an und löste sich dann wieder auf.
Ich war so überrascht, dass ich zuerst nicht wusste, was ich denken sollte. So ein Gefühl hatte ich noch nie. Und dann wagte ich den Gedanken, dass die geistige Welt, unsere Engel, mein Kind mich darauf hinweisen wollten: „Hab Vertrauen."
An einer anderen Stelle in der Bibel steht: *„Gott vertrauen heißt, sich verlassen auf das, was man hofft, und fest rechnen mit dem, was man nicht sehen kann."*
Seither sage ich mir immer wieder, im Vertrauen auf Gott, dass Christines Seele jetzt geborgen in der Liebe Gottes, begleitet von guten Engeln und umgeben von lichten Seelen in der „Seelenwelt/ geistigen Welt" lebt und dass wir uns, so Gott will, wiedersehen. Das gibt mir sehr viel Kraft und Trost und hilft mir etwas über die immer noch vorhandene Trauer hinweg.

In der Nacht vom 24. auf den 25. Dezember beginnen die dreizehn heiligen Nächte, auch Rauhnächte genannt. Ereignisse und Träume, die in diese Zeit fallen, sollen dem Volksglauben nach schicksalswirksamen Einfluss auf das kommende Jahr und die Zukunft haben. Diese Zeit ist eine geheimnisvolle, mystische Zeit, in der sämtliche Tore zu anderen Dimensionen geöffnet sind. Diese reichen vom Menschenreich über das Reich der Toten, das Reich der Naturwesen bis hin zu dem der Engel und den kosmischen Reichen. Und gerade während dieser Zeit bekam ich den trostreichen Hinweis, Gott zu vertrauen.

Dabei fällt mir noch ein, was der Dichter Conrad Ferdinand Meyer an Johanna Spyri schrieb, als deren Sohn gestorben war: „*Halten Sie sich unbedingt ohne menschliche Tröstungen, die zweifelhafter Natur sind, an ihn, welcher den Tod überwand und allein uns helfen kann, den Tod zu überwinden!*"

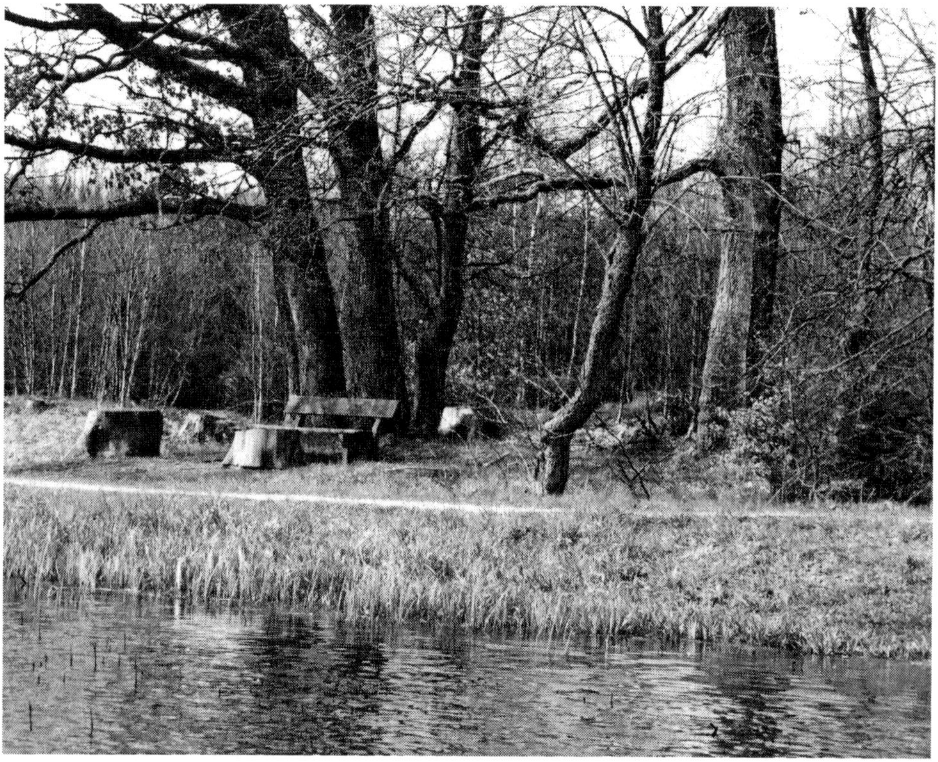

Gott in der Natur

„Gott und die geistigen Wesenheiten wirken durch die Natur in unsere Welt hinein."

Am 3. Juni 2011 jährte sich Dein Weggang auf die „andere Seite" zum ersten Mal. Man kann diesen Tag auch Deinen 1. Himmelsgeburtstag nennen.
An diesem Tag wollte ich Dir besonders nahe sein und fuhr deshalb zu „unseren" Weiherwiesen auf der Schwäbischen Alb. Die Anfahrt dauerte ca. 45 Minuten bis zum Parkplatz in Lauterburg, ehe ich meinen Fußmarsch zu den Weihern antreten konnte. Wenigstens einmal im Monat suchte ich bisher diesen für mich so magischen Ort auf.
Immer in Gedanken bei Dir, Christine, manchmal auch laut zu Dir sprechend – ich war ja alleine, mit wehmütigem Herzen, erreichte ich diesen Ort der Stille. Obwohl über den Nadelbäumen im Hintergrund des großen Weihers drei Windräder sich lautlos drehten, büßte der Ort nichts von seiner Schönheit und Natürlichkeit ein.
Wie immer setzte ich mich auf die Bank vor dem kleinen Weiher, auf der wir im Frühjahr des vergangenen Jahres noch zusammen saßen.
Der Himmel war leicht bewölkt und immer wieder kam die Sonne zum Vorschein. Auch diesmal zündete ich ein Teelicht an und schmückte es mit den kleinen Dingen, die ich auf dem Herweg fand. Mal war es ein Schneckenhäuschen, ein wohlgeformter Tannenzapfen, ein Fleckchen grünes Moos, ein Tannenzweig oder auch ein kleiner Blumengruß. Eine sanfte Brise umspielte immer wieder das kleine Licht, so dass es ganz schön zu kämpfen hatte – wie Du manchmal in Deinem kurzen Leben. Immer wieder erlosch es und

immer wieder zündete ich es von Neuem an im Bewusstsein, dass ich es beim Weggehen niemals brennend zurücklassen dürfte.
Meine Gedanken waren ständig bei Dir. Schließlich warst Du heute, an Deinem „Geburtstag", der absolute Mittelpunkt. Ich sprach mein tägliches Dank- und Fürbittegebet, das ich ganz auf Deine Person bezogen formulierte. Mindestens zwei Stunden saß ich dort und kaum jemand störte meine Gedanken. Meine Augen, meine Seele, mein Geist erfreuten sich an der Schönheit und Stille dieser schlichten Natur, die sich in vielen Grün- und Brauntönen (meinen Lieblingsfarben) präsentierte.
Manchmal, wenn eine leichte Brise durch die Bäume ging, war ein sanftes Rauschen zu hören; gerade so, als ob die Naturgeister mir etwas zu sagen hätten.

Und dann, meine Gedanken, meine Worte waren gerade besonders intensiv bei Dir, fiel plötzlich von der Buche über mir ein wunderschönes, großes grünes Blatt direkt in meinen Schoß, in meine geöffneten Hände. Wie eine Antwort von Dir nahm ich es dankbar an.
Wenn ich möchte, kann ich es täglich betrachten; es liegt getrocknet und immer noch grün bei meinen Notizen. Es war erst Juni und die Zeit, da der Herbstwind die Blätter von den Bäumen fegt, noch weit entfernt.

Folgender Satz aus dem Buch „Mutige Seelen ..." von Robert Schwartz hat mich sehr beeindruckt:
„*Jedes Blatt, das vom Baum fällt, jeder Grashalm, der sich im Wind wiegt – nichts geschieht durch Zufälle. Alles läuft nach einem göttlichen Plan ab. Immer!*"

Langsam wurde es kühler, der Himmel zog sich immer weiter zu und mit einem erneuten Erscheinen der wärmenden Sonne war nicht zu rechnen – dachte ich. Ich sollte mich wohl auf den Heimweg machen, aber nicht, ohne vorher noch am großen Weiher vorbeizugehen, der mich mit weißen Seerosen, die an einer seichten Stelle schon vereinzelt am Uferrand blühten, begrüßte. In der Farbe „weiß" sind alle Farben des Lichts enthalten.

Gedankenverloren, völlig alleine (es war ein Wochentag und die meisten Menschen wohl bei der Arbeit), stand ich am Weiher, der still und friedlich dalag.

Da, plötzlich, sah ich, wie sich die Wolken über dem Weiher teilten und zaghaft, wie in einen Schleier gehüllt und für mich völlig unerwartet, die Sonne zum Vorschein kam. Es war, als ginge im Theater langsam der Vorhang auf. Gleichzeitig fing es ganz leicht zu regnen an und die Tropfen zeichneten verschieden große Kreise auf das sonst ruhige Wasser. Auf dem Spiegel des Weihers tanzten die Sonnenstrahlen wie violette Diamanten – der traumhaften Choreografie eines göttlichen Balletts gehorchend. Und für wenige Sekunden war die ganze Landschaft um mich in ein warmes, goldenes Licht getaucht. So viel Schönheit, so viel Liebe nur für mich?

Dieses Schauspiel dauerte etwa gefühlte zehn Minuten, ehe sich dann – leider – die Wolken wieder langsam vor die Sonne schoben. Der Vorhang war gefallen; die Vorstellung beendet. Es hörte sogar auf zu regnen.

Tränen der Überwältigung, der Freude, aber auch der Trauer waren mein Beifall. So etwas Schönes hatte ich noch nie erlebt. Kein Mensch, kein noch so genialer Theaterregisseur bringt so etwas zustande – nur Gott, dessen war ich mir *so* sicher. Stundenlang hätte ich dieses „Himmelsgeschenk" in mich aufsaugen können. Hätte ich mich einige Minuten länger am kleinen Weiher aufgehalten, dieses wunderschöne Schauspiel wäre mir entgangen. Mit Worten lässt sich dieses Erlebnis nur dürftig beschreiben. Man muss es erlebt haben. Noch heute ist die Erinnerung daran wie ein Lichtstrahl für meine oft noch traurige Seele.

Die Überlieferung berichtet, dass Hildegard von Bingen in einer Vision Gott zu sich sprechen hörte:

„Ich, das feurige Leben der Gottwesenheit,
flamme dahin über die Schönheit der Felder.
Ich leuchte in den Wassern.
Ich brenne in der Sonne, im Mond, in den Sternen.
In jeglichem Geschöpf bin ich die lodernde Kraft."

Erst viele Wochen nach diesem einmaligen Naturerlebnis habe ich in einem Buch über Hildegard von Bingen diese wunderschönen Worte gelesen.
Christine, auf dem Heimweg habe ich einen Strauß mit Kornblumen – Deinen Lieblingsblumen – und Margeriten für Dein Grab gepflückt.

So ein Zufall! Oder nicht?

„Das Wort Zufall ist Gotteslästerung, nichts unter der Sonne ist Zufall."
Gotthold Ephraim Lessing

Am 8. Juni 2011, 370 Tage nach Deinem Weggang auf die „andere Seite", besuchte mich Deine Freundin Esther mit ihrem Sohn Nikolai, damals 2 ½ Jahre alt.
Wie liebevoll Esther mit ihrem Sohn umgeht, hat Dir gefallen, und immer hat es Dir gut getan, wenn er seine Ärmchen nach Dir ausstreckte und Du ihn halten durftest.
Ich weiß, Du hättest auch gerne eine eigene Familie, Kinder gehabt. Aber es hat wohl nicht sein sollen; nicht in diesem Erdenleben.
Und nun die große Überraschung:
Esther sagte mir, dass Nikolai am 22. März 2011 ein Schwesterchen bekommen hat. Elena kam eine Woche früher als errechnet, da die Fruchtblase platzte.
Du, Christine, bist ja auch am 22. März geboren.

So ein Zufall! Oder nicht?

Sicher kommen an einem 22. März viele neue Erdenbürger hier an. Doch dass ausgerechnet Deine Freundin an Deinem Geburtstag ein Mädchen zur Welt bringt und dann auch noch eine Woche früher als errechnet, gibt mir schon zu denken.

Nachfolgend möchte ich einen Auszug aus dem Buch *„Die geheime Physik des Zufalls"* von Rolf Froböse zitieren:

„Psychologen wie C. G. Jung und Physiker wie der Nobelpreisträger Pauli und Hans-Peter Dürr gehen davon aus, dass Seelenzustände und die

unbelebte Welt miteinander verknüpft sind und aufeinander einwirken können. Denn es gibt unerklärliche Phänomene in der Quantenphysik, also im Verhalten von Welle und Teilchen, die im Verhältnis von Körper und Geist auf wesentlich komplexere Zusammenhänge, also quasi auf Über-Sinnliches schließen lassen ..."

Ätherleib

Erst viele Wochen nach Christines Weggang auf die „andere Seite", als mich noch eine besonders dunkle Mauer der Trauer umgab, wagte ich mich zum ersten Mal wieder auf den Waldweg, den wir noch wenige Wochen, bevor sie ins Krankenhaus kam, gemeinsam entlanggingen.

Auf der Höhe angekommen befand sich, direkt am Weg, eine Stelle, auf der zu dieser Zeit damals viele Maiglöckchen blühten. Ich pflückte einen kleinen Strauß für Christines Großmutter zum Muttertag. Christine schaute mir vom Weg aus zu – ihr Blick erreichte mich wie aus weiter Ferne; jedoch maß ich dem keine Bedeutung bei. Erst im Nachhinein, als ich über unser Leben, über die letzten Wochen und Monate zurückdachte, kamen mir solche Feinheiten wieder in Erinnerung. Als es Christine noch gut ging, waren wir wöchentlich mindestens dreimal walkend oder joggend unterwegs und oft auch in dieser Gegend.
Auf dem Rückweg sagte ich damals zu ihr: „Gib mir deine Hand!"
Christine schaute mich verwundert an und meinte: „Wieso denn das?"
Ich sagte: „Einfach so!"
Bis heute weiß ich nicht, warum ich dies zu ihr gesagt habe. Ich glaube aber, dass ich ihr einfach nur zeigen wollte, wie gern ich sie habe. Sie gab mir ihre rechte Hand, die sich so zart und weich anfühlte und gar nicht kalt war, wie sonst manchmal. So gingen wir Hand in Hand ein Stück des Weges. Irgendwann haben wir uns wieder losgelassen – gesprochen haben wir wenig.
Und heute also war ich nach langer Zeit wieder einmal auf diesem Weg.

Mein Auto hatte ich am Waldrand geparkt. Früher legten wir die Strecke immer zu Fuß zurück. Doch ich war zu müde und wollte auch möglichst keine Menschen sehen. Da ich alleine war, konnte ich meinen Gefühlen freien Lauf lassen. Für den Fall, dass mir jemand begegnen sollte, hatte ich meine Sonnenbrille mitgenommen – meine verweinten Augen brauchte ja nicht jeder zu sehen.
Unter Tränen redete ich zu meinem Kind. Es gab so vieles, was mir in Erinnerung kam, das sie in den letzten Monaten zu mir sagte und auf das ich ihr erst jetzt eine richtige Antwort geben konnte. Vieles ging damals einfach im Alltag unter. Erst in den vergangenen Wochen wurde mir bewusst, wie sehr Christine sich in den letzten Monaten mit der Vergangenheit beschäftigte. Ich fühlte mich so unsagbar schuldig, weil ich damals ihre Aussagen so oberflächlich hingenommen hatte.
Aber ich sagte ihr auch, was sie wert war für die Welt, was sie Gutes getan hat. Auf der Höhe angekommen, wo sie damals stand und mir zuschaute, wie ich den Strauß pflückte, verweilte ich kurz und sprach ein Gebet. Die Sonne kam durch die Wolken.
„Mit den Strahlen der Sonne kommt die wärmende Liebe der Gottheit auf die Erde."
Auf dem Rückweg dachte ich intensiv an Christine, sprach zu ihrer Seele und erinnerte sie an diesen Weg, den wir damals zusammen gingen – ich nenne ihn heute unseren „Maiglöckchenweg". Und etwa an der Stelle, wo ich damals um ihre Hand bat, sagte ich liebevoll erneut: „Gib mir deine Hand!"
Und dann geschah etwas Seltsames, noch nie Erlebtes. Meine linke Hand, in der ich Christines rechte Hand damals hielt, fing an zu kribbeln und warm zu werden. In meiner anderen Hand veränderte sich nichts.
Dieses wärmende Kribbeln war nicht zu vergleichen mit dem Gefühl, das man hat, wenn z. B. im Winter eiskalte Hände oder Füße wieder durchblutet und warm werden. Nein, das hier war etwas anderes, noch nie Erlebtes.

Etwa zwei Minuten lang empfand ich dieses Gefühl, bis es sich dann langsam wieder auflöste.

Diesen Vorgang erzählte ich später einer lieben Bekannten, die sich seit Jahrzehnten mit der Anthroposophie beschäftigt. Ganz aufgeregt rief sie aus: „Das war der Ätherleib!"

Und nachdem ich in Rudolf Steiners Buch „*Das Leben nach dem Tod*" darüber gelesen hatte, war mir plötzlich klar, dass in diesem Moment mein Kind bei mir war. Sie konnte meine Gedanken und meine Gefühle empfangen und schickte mir über ihren Ätherleib eine „Nachricht". Das war so schön, so tröstlich. Ich kann auch jetzt noch, obwohl sich ihre Seele in einer anderen Dimension befindet, mit ihr reden, ihr Dinge sagen, die ich zu ihren Lebzeiten versäumt hatte.

„... Des Menschen Wirken für seine Mitmenschen hört nicht auf, wenn er durch die Pforte des Todes geht, und durch seinen Ätherleib, mit dem er selber in Verbindung bleibt, schickt er seine Imaginationen in diejenigen hinein, mit denen er in Verbindung gestanden hat ..."

Seither gehe ich diesen Weg immer öfter und immer in liebevollen, aber auch oft noch traurigen Gedanken bei meinem Kind. Noch ab und zu, jedoch immer seltener, meine ich, ihre Hand zu spüren, wenn auch nicht mehr so intensiv wie damals. Neulich saß ein Eichhörnchen auf einem Baumstumpf, genau dort, wo die Maiglöckchen blühten, und schaute mich lange aus der Ferne an. An einem anderen Tag saß ein Kätzchen auf einem umgefallenen Baumstamm mitten im Wald und neulich begleitete mich ein Pfauenauge. Manchmal begegne ich auch einem scheuen Reh.

„Alle Geschöpfe können zu Boten Gottes, zu Engeln werden, die er uns schickt, wenn wir sie brauchen."
Benedikt Ambacher

Am 1.1.2011 stand ich an Christines Grab, redete zu ihr und dankte für ihre Liebe. Und dann, ganz plötzlich, spürte ich wieder in meiner linken Hand – noch deutlicher als damals auf dem Waldweg – ein Kribbeln und Wärmegefühl, das mindestens zehn Minuten anhielt. Ich war überwältigt und musste, diesmal vor Freude, weinen. Und dann dachte ich, wenn Du, mein Kind, jetzt gerade bei mir bist, dann berichte ich Dir von Kätzchen Katinkas Ableben und davon, wie ich sie in einem Tierkrematorium würdevoll einäschern ließ und dass sie in einer blauen Urne „bei Dir" ist. Aber wahrscheinlich wusstest Du das schon.

Der 1. Januar zählt zu der Zeit der „Rauhnächte", in denen sämtliche Tore zu anderen Dimensionen geöffnet sind.

Am 27.7.2011, 419 Tage nach Christines Weggang auf die „andere Seite", war ich mal wieder auf unserem „Maiglöckchenweg". Mein Auto parkte ich wie immer am Waldrand, dachte an Christine, redete zu ihr und musste weinen; manchmal brechen die Tränen aus mir heraus, ich kann das nicht beeinflussen.

Anselm Grün sagt: *„Tränen sind Ausdruck der Liebe für den Toten."*

Da tat es mir wohl zu weinen, um sie und für sie,
um mich und für mich. Ich ließ den Tränen,
die ich zurückgehalten, freien Lauf.
Mochten sie fließen, so viel sie wollten.
Ich bettete mein Herz hinein und fand Ruhe in ihnen.
Aurelius Augustinus

An derselben Stelle wie immer bat ich um ihre Hand. Doch heute spürte ich keine Veränderung. Es kann ja auch nicht sein, dass ihre Seele immer dann bei mir ist, wenn ich es mir wünsche. Es fing an zu regnen und in der Ferne war Donnergrollen zu hören, es zog ein Gewitter auf. Ich beschleunigte meine Schritte und kam gerade noch rechtzeitig, ohne nass zu werden, am Auto an. Nach Hause wollte ich noch nicht, also setzte ich mich ins Auto, kurbelte das Fenster herunter – es regnete kaum noch – und schaute gedankenverloren in den Himmel. Ich genoss die Ruhe und die gute Luft hier draußen. Ein weißer Wolkenberg hielt meine Augen gefangen. Ich dachte, der sieht aus wie frisch geschlagene Sahne. Christine würde lachen, wenn sie das gehört hätte, und sagen: „Du denkst immer ans Essen!" Wie ich ihr Lachen vermisse!

Und dann geschah ganz plötzlich das Unglaubliche:
Unterhalb dieser großen weißen Wolke hatte sich *ein Herz* gebildet. Es war ausgefüllt mit dem Wolkenweiß und hob sich – wie mit einem Stift gezeichnet – vom blauen Himmel ab. Ich war sprachlos, verblüfft, überrascht. Eigentlich gibt es keine Worte dafür.
Ich starrte auf das Herz, das sich langsam wieder auflöste und dann, ich traute meinen Augen kaum, bildete sich links davon ein *zweites Herz*. Dieses Herz hatte innen die Farbe des Himmels und war von weißen Wolken umrandet, auch diesmal so deutlich umrissen wie mit einem Stift gezeichnet.
War so etwas möglich? Ich träumte nicht, ich döste nicht, ich war einfach nur in der Stille, es war so real. Und doch, wenn mir dies jemand erzählen würde, ich weiß nicht, ob ich es glauben könnte.
Auch dieses Herz löste sich nach einiger Zeit wieder auf. Seither schaue ich oft zum Himmel, aber so etwas erlebte ich bisher nicht mehr.

Und dann fiel mir Folgendes ein:
Vom letzten Weihnachtsmarkt vor ihrem Weggang auf die „andere Seite" brachte Christine mir einen kleinen Schutzengel aus Holz mit. Damals freute ich mich riesig darüber und hängte ihn in meiner Diele auf. Nach ihrem Weggang fand er einen Platz an der Wand neben meinem Bett. Und einige Tage vor dem obigen Erlebnis schaute ich den Engel an und erst da wurde mir bewusst, dass er zwei Herzen in Händen hält. Spontan sagte ich: „Christine, der Engel hält

ja unsere beiden Herzen in Händen!" Und jedes Mal, wenn ich ihn ansehe, und das ist fast täglich, kommt mir dieser Gedanke.

Von Anfang an sagte ich, dass ich Christine mein halbes Herz mitgegeben habe.

Waren diese beiden Herzen eine „Botschaft" für mich aus der geistigen Welt, vielleicht von meinem Kind über unsere Engel? Ich wagte es nicht auszudenken. Dass aber ausgerechnet an einer Stelle, wo ich besonders oft mit meiner Tochter zu Lebzeiten war und auch in Gedanken nach ihrem Weggang, so etwas fast Unglaubliches geschah, muss eine besondere Bedeutung haben. Nach den neuesten Erkenntnissen der Wissenschaft kann dieser Vorgang eine Erklärung finden in der Quantenphysik. Es geht um morphische Felder, geistig-energetische Kraftfelder, die formgestaltend sind. In seinem Buch „*Götter, Engel und Propheten*" beschreibt Kurt Allgeier diese Felder u.a. wie folgt:
„Gleichartige morphische Felder können miteinander kommunizieren. Aber wie? Sheldrake (Biochemiker) spricht vom Gedächtnis, das jedem morphischen Feld innewohnt. Und dieses Gedächtnis gibt das Feld seiner Meinung nach mittels Resonanz an sich selbst und an andere gleichartige Felder weiter ..."
„Die schönste Form der morphischen Felder sind unsere Engel."

Zwischenzeitlich habe ich die beiden Herzen als ein Geschenk der Liebe und des Trostes aus der geistigen Welt meines Kindes angenommen. Und immer, wenn ich traurig bin denke ich an diese Liebesgabe, die mein Herz etwas erhellt.

Die Liebe ist die große von Gott geschenkte Kraft.

Nach der Quantenphysik kommt alles aus einer sogenannten „Ursuppe". In dieser Ursuppe ist der Geist Gottes vorhanden. Dieser

Geist des einzigen Gottes ist ein liebendes System. Diesen Geist können wir als Schwingung empfinden. Wenn sie sich verdichtet, zeigt sie sich als Information in Form von Klängen, Farben, festen Gebilden. Verdichtete Information ist Energie – verdichtete Energie ergibt Stoff.

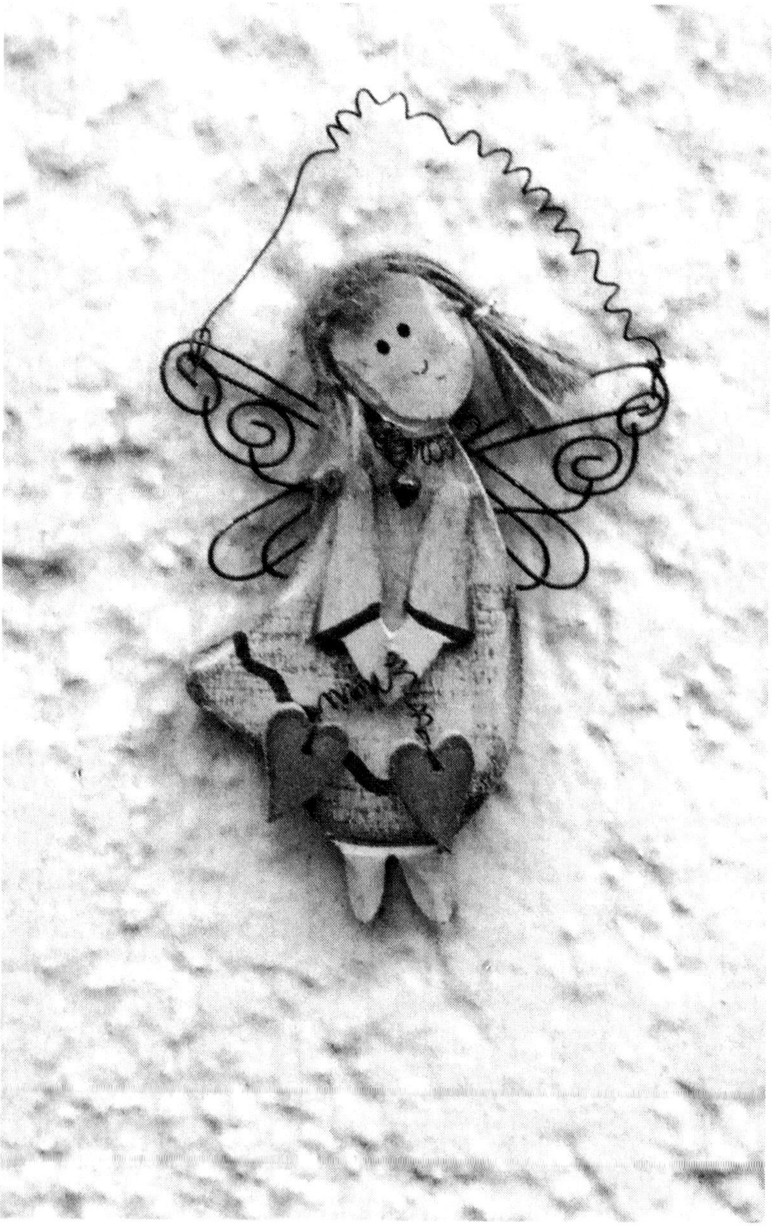

Schutzengel

„*Das ursprüngliche Feuer, aus dem die Engel brennen und leben, ist Gott selbst. Die Engel umfangen Gott in ihrer Glut, denn sie sind lebendiges Licht.*
Sie haben nicht Flügel wie die Vögel, aber sie sind schwebende Flammen in der Kraft Gottes. Gott ist die ursprüngliche lebendige Quelle, die die Wellen aussandte. Als er die Worte ‚Es werde' sprach, existierten erleuchtete Wesen. Ihr Wesen ist ein glühendes Brennen. Sie brennen aus Gott, der die Wurzel des Feuers ist.
Durch nichts anderes können sie entzündet oder ausgelöscht werden.
In der Liebe Gottes brennt dieses Feuer unauslöschlich."

So zitiert Kurt Allgeier die „Große Frau des Mittelalters", Hildegard von Bingen, in seinem Buch „Götter, Engel und Propheten".

Und das theologische und philosophische Genie des Mittelalters – Thomas von Aquin – beschrieb die Welt der Engel so:

„*Die gesamte körperliche Welt wird von Gott durch die Engel verwaltet. Die Engel sind ein Teil des Universums, denn sie bilden nicht eine eigene Welt, sondern gehören wie auch die körperlichen Geschöpfe zum Zustand des einen Universums. Das ergibt sich aus der Beziehung eines Geschöpfes zum anderen, denn die Beziehung der Dinge zueinander ist das Wohl des Universums. Denn kein Teil ist vollkommen, der vom Ganzen getrennt ist.*"

Lange Zeit machte ich mir keine Gedanken über Engel. Doch manchmal, wenn ich das Gefühl hatte, von einem drohenden Unglück bewahrt worden zu sein, oder ein Missgeschick glimpflich ablief, atmete ich auf und dachte: „Da hattest du einen Schutzengel!"

So auch am 14.2.2012. Ein riesiger Eisklotz stürzte plötzlich von einem Dach auf den Gehweg, wo er mit lautem Krachen zerbarst. Da eine Frau ein, zwei Häuser vor diesem Geschehen den Gehweg vom Schnee räumte, musste ich am Straßenrand gehen. Ich wäre bestimmt getroffen worden, wenn ich den Gehweg benutzt hätte. An die Verletzung, die ich davongetragen hätte, mochte ich nicht denken. Am Abend zuvor sprach ich ein Gebet zum Dank und Lob meines Engels, denn der 13.2. war einer meiner besonderen Engeltage. Mein Schutzengel war bei mir!

Nach dem irdischen Tod meiner geliebten Tochter wollte ich mehr über Engel wissen und nach der Lektüre mehrerer Bücher über Engel bin ich zu der Erkenntnis gelangt, dass jeder Mensch seinen eigenen Schutzengel hat. Wir dürfen nur nicht glauben, dass er immer „hinter uns steht" und uns auffängt, wenn Unheil droht. Engel sind persönliche, geistig-energetische Wesen, die immer nur so gut und so schlecht sein können, wie wir selbst es sind. Alles, was ich aussende, kommt auf mich zurück. Was für eine große Verantwortung meinem Engel, meiner Familie und mir selber gegenüber. Auch wurde unser Schutzengel geprägt von unseren Eltern und Vorfahren, je nachdem, mit welchen Energien er versorgt wurde.

Aus dem Büchlein „*Mit dem eigenen Schutzengel kommunizieren*" von Haziel/Anna Alba habe ich Folgendes erfahren:
Am ersten Tag unseres Lebens, am Tag unserer Geburt, beginnt unser Schutzengel über uns zu wachen. Am Tag darauf übernimmt der Engel, der in der Abfolge der Schutzengel als Nächster kommt, das Wächteramt. Am zweiten Tag nach unserer Geburt der Übernächste und so fort. Da die Tradition 72 Schutzengel kennt, übernimmt am 73. Tag wieder der Engel unserer Geburt unseren besonderen Schutz. Dieses „Rotationsprinzip" ist von Geburt an aktiv, Tag um Tag, Jahr um Jahr. Wenn wir vom Tag nach der Geburt 73 Tage zählen (365 : 5 = 73 Tage), dann kommen wir genau auf jenen Tag, an dem unser Schutzengel von Neuem seine Macht entfalten kann.

Im Folgenden wird aufgeführt, wie wir unsere fünf Engeltage bestimmen können. Als Beispiel nehme ich die Daten meiner Tochter Christine, die am 22. März geboren wurde. Am nächsten Tag, also am 23. März, beginnen wir zu zählen: eins – 23. März, zwei – 24. März, drei – 25. März ... und so weiter bis zum 72. Tag. Denn der 73. Tag nach unserer Geburt ist jener Tag, an dem unser Schutzengel erneut seine volle Macht entfalten kann. Für einen Menschen, der am 22. März geboren ist, ist dieser Tag der 3. Juni!
Ich glaubte, meinen Augen nicht zu trauen, als ich dies las. Meine geliebte Tochter Christine wurde am 3. Juni von ihrem Schutzengel, der bereits bei ihrer Geburt über sie wachte, auf die „andere Seite" geführt. Unter diesem göttlichen Schutz konnte sie den Weg „nach drüben, in das andere Land" nicht verfehlen. Was für eine tröstliche Erkenntnis. Was für eine Gnade.
An Zufälle glaube ich nicht mehr. Alles hat seine Bestimmung.

Weitere Engeltage für Christine sind der 15.8., 27.10. und 8.1. Diese besonderen Engeltage habe ich in meinem Kalender markiert und vor allem an diesen bete ich für Christine zu „ihren" Engeln – etwa so, wie es in dem oben erwähnten Buch aufgeführt ist.

Am 27.10.2011 wachte ich in der Nacht – wie fast in jeder Nacht – auf und wie immer schaute ich durchs Dachfenster zum Sternenhimmel. In dieser Nacht war der Himmel besonders sternenklar und ich entdeckte auch sofort mein Lieblingssternbild, den ORION, der auf der Nordhalbkugel den Herbst und auf der Südhalbkugel den Frühling ankündigt.
Im Internet (www.orionstab.de) informierte ich mich schon vor einiger Zeit über dieses Sternbild. Dort wird über die energetische Bedeutung des Orion Folgendes gesagt: „Das Orion-System kann als der kosmische Gral unter den Sternenenergien bezeichnet werden. Als Vertreter der Zentralsonne des Universums stellt das Orion-System in unserer physischen Realität das Portal zur

Erschließung neuer Möglichkeiten dar. So können Gedanken und Strukturen ohne Gestalt durch diese Energie Realität werden."

Mythologisch betrachtet werden das Thema Tod und Wiedergeburt und der für uns unsichtbare Raum zwischen Leben und Sterben in vielen alten Kulturen in Verbindung mit Orion gebracht.
In dem Moment, als ich das Sternbild entdeckte, huschte eine Sternschnuppe durch „meinen" Orion. Das Schauspiel dauerte nur eine Sekunde und doch, was für ein grandioser Anblick! War das ein Geschenk unserer Engel? Ich gönne mir den Gedanken, daran zu glauben.
Sternschnuppen sollen Glück bringen, sagt der Volksglaube, und schnell habe ich meinen größten Wunsch zum Himmel geschickt. Vielleicht erfahre ich irgendwann, ob er in Erfüllung ging.
Sogar in der Bibel wird das Sternbild Orion erwähnt, als Gott zu Ijob sagt: „Löst du den Gürtel des Orion auf?"
Es gibt so manches, über das ich in den letzten Monaten staunen musste, und dieses Staunen ging über in große Ehrfurcht, die mich demütiger und bescheidener machte.

Lass die Engel bei uns wachen,
dass wir wie die Kinder lachen,
dass wir wie die Kinder weinen,
lass uns alles sein, nichts scheinen.
Clemens Brentano

Botschaften von „drüben"

„Es gibt folgende Erklärung, wie Engel, Geister und auch unsere lieben Verstorbenen mit uns kommunizieren:
Wir können sie nicht unbedingt sehen und nicht hören, was sie uns sagen wollen, doch sie denken unsere Gedanken."

So wunderschön gibt Kurt Allgeier in seinem Buch „*Götter, Engel und Propheten*" die Erkenntnis des schwedischen Philosophen Swedenborg wieder.

In meinem Kapitel „Träume – keine Schäume" habe ich in kurzem Umriss beschrieben, wie man vor allem vor dem Einschlafen Fragen an die sogenannten Toten stellen und wie man beim Aufwachen vielleicht eine Antwort erhalten kann.

Christine, gestern, am 107. Tag Deines Weggangs auf die „andere Seite", und auch schon zwei, drei Tage vorher habe ich Dich vor dem Einschlafen mehrmals mit viel Wärme und Liebe in der Seele gefragt: „Christine, wo bist du?" und „Empfängst du meine Gedanken, wenn ich dir vorlese?" Ich träumte viel in dieser Nacht, aber nur an Folgendes kann ich mich noch ganz klar erinnern und ich glaube auch, diese „Botschaft" kurz vor dem Aufwachen erhalten zu haben.
Ich hörte, wie aus einem Raum, dessen Tür nur angelehnt war, ein Lied erklang, das mehrere „Menschen" mit unbeschreiblich reinen, so noch nie gehörten Stimmen sangen und das ich kannte. Ich freute mich so sehr darüber, dass ich anfing, ebenfalls mitzusingen und im selben Augenblick empfing ich explosionsartig ein großartiges Glücksgefühl in meiner Herzgegend. Weitersingend ging ich durch die Tür und betrat einen lichtdurchfluteten Raum, in dessen Mitte

ein Tisch stand. Singende „Menschen", die ich allerdings nur schemenhaft wahrnehmen konnte, saßen um diesen Tisch. Ganz kurz leuchtete auf der linken Seite ein lächelndes Frauengesicht auf. Die Stimmung war sehr harmonisch, ja himmlisch friedlich. Dort wollte ich bleiben, dort war mein Kind.
Doch leider wachte ich unvermittelt nach diesem Eindruck auf. Ich war wieder in meiner Realität, aber so ergriffen und auch verwundert, dass ich weinen musste. Dieses Glücksgefühl war nicht irdischer Natur, das konnte nur göttlich sein. Was für ein Geschenk! Wenn Christine solche Glücksgefühle erfahren darf, dann sollte ich nicht mehr um sie weinen.
Diesen schönsten meiner bisherigen „Träume" deutete ich so: Meine Seele wünschte sich wohl, dass Du, Christine, Dich in einer solch lichten, friedlichen, harmonischen Welt befindest. Aber vielleicht war es auch eine Antwort von Dir auf meine beiden Fragen. Dass ich selbst mitgesungen habe, deute ich so, dass Du meine Worte/Gedanken empfängst, wenn ich vorlese, und sie Dich glücklich machen, und die harmonische, lichtdurchflutete Stimmung soll mir zeigen, dass Du von guten Engeln und lichten Seelen umgeben bist. Danke, mein Kind, für diese wunderbare Nachricht.
Letztendlich ist dieser „Traum" für mich eher eine „Botschaft".

„*Derjenige, der durch die Pforte des Todes gegangen ist, hat nur eine andere Lebensform angenommen und steht unserem Fühlen nach dem Tode so gegenüber wie jemand, der eben durch die Ereignisse des Lebens in ein fernes Land hat ziehen müssen, in das wir ihm später nachfolgen können, so dass wir nichts zu ertragen haben als eine Zeit der Trennung.*"

So tröstlich formuliert von Rudolf Steiner in seinem Buch „*Das Leben nach dem Tod*".

Und aus diesem fernen Land erhielt ich eine Postkarte von meiner geliebten Tochter.

Christine, 430 Tage nach Deinem Weggang lag ich nachmittags auf meinem Bett, traurig und wie fast immer an Dich denkend. Ich sah auf das Bücherregal rechts vom Fenster. Mir fiel das Buch „Jean-Paul Sartre Dramen" auf und ich dachte, Dramen passen zu meiner derzeitigen Stimmung, ich sollte mal wieder darin lesen. Noch eine Weile döste ich vor mich hin und als ich aufstand, hatte ich meinen Vorsatz schon wieder vergessen. Ich wollte gerade das Zimmer verlassen, als ich plötzlich intuitiv, wie „aus dem Bauch heraus", an das Buch erinnert wurde. Also nahm ich es zur Hand und setzte mich in den Sessel vor der Kommode, auf der immer Dein Bild steht. Gleich beim ersten Umblättern fiel mir eine Postkarte in die Hände, die ich dort als Lesezeichen deponiert und längst vergessen hatte. Du hast mir die Postkarte von der Schule aus geschrieben, als Du elf Jahre alt warst. Darauf steht:
„Liebe Mami! Dankeschön für alles Liebe. Deine Christine"
Daneben hast Du eine rote Blume gemalt, die aus einem grünen herzförmigen Blatt emporwächst.
Ich habe über zweihundert Bücher, die an vier verschiedenen Stellen in meiner Wohnung aufbewahrt werden, und das oben erwähnte hätte ins Regal im Wohnzimmer zu den „Literaturbüchern" gehört, denn hier im Schlafzimmer stand es zwischen einem Lexikon und einigen Fachbüchern. Dass ausgerechnet dieses Buch in meiner Traurigkeit mir auffiel und sich gerade darin die Postkarte befand, werte ich als eine Nachricht von Dir, Christine; Du wolltest mich trösten. Danke, danke, danke!

„Das Herz stellt die Verbindung zu den Geistwesen, auch den lieben Verstorbenen, her. Die eigentliche Kommunikation mit Geistwesen spielt sich auf emotionaler Ebene ab."

Bei einem kurzen Aufenthalt auf der Insel Rügen sah ich, wie acht Kraniche oder Wildgänse in rhythmischem Flug hintereinander in eine graue Wolkenwand flogen und für mein physisches Auge nicht mehr sichtbar waren. Unvermittelt kam mir der Gedanke: Ich kann sie nicht mehr sehen und doch existieren sie noch. Genauso ist es mit unseren lieben Verstorbenen. Mit unserem physischen Auge können wir sie nicht mehr wahrnehmen und doch sind sie noch „da", in einer anderen Lebensform, einer anderen Dimension.

Ich bin nicht tot,
ich tausche nur die Räume.
Ich bin in euch
und geh' durch eure Träume.

Michelangelo

Träume – keine Schäume

„Träume bereiten auf bestimmte Situationen vor, kündigen sie an oder warnen vor ihnen, oft lange, bevor sie wirkliche Tatsachen werden … Die Botschaften des Unbewussten sind von größerer Wichtigkeit, als man gewöhnlich annimmt."
„C. G. Jung – Traum und Traumdeutung"

Wochen vor ihrem irdischen Tod erzählte mir Christine, als wir noch nichts von ihrer unheilbaren Krankheit wussten, dass sie von ihrer Patentante Renate geträumt habe. Diese sei hier zu Besuch gewesen und beim Wegfahren habe sie ihr zugewinkt. Renate starb 24-jährig, als Christine gerade mal vier Jahre alt war. Sie kannte sie somit vor allem nur von Fotos. Damals dachte ich mit keinem Atemzug an eine „Botschaft". Wir träumen ja sehr viel und meist erscheint es uns unlogisch und chaotisch.
War dies eine Äußerung der unbewussten Psyche?
Im November 2010, fünf Monate nach Christines Weggang auf die „andere Seite", rief mich ihre Cousine an und sagte: „Ich habe Christine im Traum gesehen. Sie war sehr groß und wunderschön, so dass ich bewundernd ausrief: Christine, bist du schön! Dann war der Traum zu Ende."

„Nach dem Tod sind wir in den Dingen und Wesenheiten drinnen, wir dehnen uns aus über den Raum, der für uns in Betracht kommt. Während der Kamalokazeit dehnen wir uns fortwährend aus, wir wachsen …"
So steht es im Buch von Rudolf Steiner „Das Leben nach dem Tod".

Nachdem ich das gelesen hatte, war ich mir sicher, dass Christine uns mit diesem Erscheinen im Traum eine Botschaft schicken wollte. Seht her, es geht mir gut. Für einen Moment war ich unendlich glücklich.

Am 25.12.2010, der Zeit der Rauhnächte, lag ich auf meinem Sofa und war eingeschlafen. Unsere beiden Wohnungen sind durch ein Haustelefon verbunden (Christines Wohnung im Dachgeschoss war noch so, wie sie zuletzt von ihr verlassen wurde – ich werde sie niemals an Fremde vermieten können).
Vom Haustelefon aus habe ich zu Christine nach oben gerufen.
Sie meldete sich mit freundlicher Stimme.
Ich sagte: „Bei dir ist es so still da oben, willst du nicht herunterkommen und wir trinken zusammen Kaffee?"
Sie antwortete mit klarer, heller Stimme: „Ich habe Gebäck im Ofen!"
Und dann sagte ich: „Deine Stimme ist so weit weg!"
Ich erwachte und befand mich wieder in meiner traurigen Einsamkeit. Es war nur ein Traum, aber für einen kurzen Moment schenkte er mir das Gefühl, Christine nahe zu sein, ihre Stimme zu hören, einfach zu wissen, sie ist „da".
Christine hat gerne und gut gebacken und gekocht und mir ab und zu eine Kostprobe gebracht. Zum Muttertag durfte ich mir jedes Mal einen selbst gebackenen Kuchen von ihr wünschen.

Christine und ich, wir begegnen uns oft in meinen Träumen. Und zwei Träume, die so klar und für mich so real waren, dass ich glaubte, sie entsprächen der Wirklichkeit, möchte ich nachfolgend unbedingt wiedergeben.
Außer Wachen und Schlafen gibt es ein Drittes, das für den Verkehr mit der geistigen Welt wichtiger ist, nämlich das Einschlafen und Aufwachen. Dieses Aufwachen und Einschlafen dauert immer nur einen Augenblick und gleich kommt man in einen anderen Zustand. Aber wenn ein Mensch sich Empfindsamkeit entwickelt für diesen Moment des Aufwachens und Einschlafens, dann geben

gerade diese Augenblicke die größten Aufschlüsse über die geistige Welt.

Beim Einschlafen ist es so, dass wieder im Moment des Einschlafens in kolossaler Weise die geistige Welt an uns herantritt, aber wir schlafen gleich ein, wir verlieren das Bewusstsein von dem, was uns durch die Seele gezogen ist ...

Beim Einschlafen können wir also Fragen an den Toten stellen. Dies sollte aber mit viel Gefühl und Wärme, mit einem herzlichen seelischen Interesse für den Toten geschehen. Beim Aufwachen erhalten wir vielleicht eine Antwort.

Rudolf Steiner beschreibt diese Vorgänge sehr ausführlich in seinem Buch *„Das Leben nach dem Tod"*.

Kurz vor Weihnachten 2010 erhielt Christine Fan-Post von ihrer damaligen Lieblingsgruppe PUR. Für 2011 war eine größere Tournee geplant und am 4.3.2011 sollte ein Konzert in der Porsche-Arena in Stuttgart stattfinden. Von dieser Tournee wusste Christine schon seit Längerem und sie hätte gerne das Konzert besucht. Und dann kam mir die Idee, Christine vor dem Einschlafen zu fragen, ob ich an ihrer Stelle das Konzert besuchen soll. – Sind die Seelen unserer lieben Verstorbenen nicht meistens um uns?

Also habe ich Christine vor dem Einschlafen in der Nacht des 27.12.2010 (Rauhnacht!) und auch schon Tage vorher gefragt, ob ich das PUR-Konzert besuchen soll. Ich bin ja eher an klassischer Musik interessiert und zu dieser Zeit konnte ich noch keine Menschen um mich haben, selbst in der Kirche saß ich immer in der letzten Bank, damit meine Tränen nicht so sehr auffielen. Es klingt bestimmt verrückt, aber ich wollte ihr eine Freude machen. Und dann hatte ich kurz vor dem Aufwachen, ob es am folgenden Tag oder ein, zwei Tage später war, das weiß ich nicht mehr, folgenden Traum:

Vor der Volksbank in unserer Straße, direkt am Straßenrand, parkte ein VW-Bus (ich wusste, dass er einem Freund von Christines Vater

gehörte, obwohl er weit und breit nicht zu sehen war – der Kontakt war auch schon seit langer Zeit abgebrochen). Christine saß alleine ganz hinten im Bus, direkt am Fenster. Ich habe nur ihren Kopf gesehen; ihre Haare trug sie offen. Ich stieg auf der Beifahrerseite ein, blieb vorne stehen und schaute zu ihr nach hinten. Auf einmal fragte sie: „Wie viel Uhr ist es?" Ich sagte es ihr (konnte mich aber an die Uhrzeit nicht erinnern). Es kam mir vor, als ob ihr die Uhrzeit sehr wichtig war. Dann sagte sie: „Drück den grünen Knopf da vorne!" Am Armaturenbrett befand sich ein großer grüner Knopf. Ich drückte den Knopf nach innen und auf einmal ertönte laute Popmusik!!!
Dann war der Traum zu Ende und ich total verblüfft und sprachlos. Ich habe diesen Traum so gedeutet: Christine im Auto, grüner Knopf – Symbol für freie Fahrt, laute Popmusik, also: Regine, die Antwort lautet: Ja, geh DU zum Konzert.

Am 11. Januar 2011 kaufte ich mir eine Karte und besuchte am 4.3., Christine war in meiner Seele bei mir, das PUR-Konzert.

„Träume und Symbole sind nicht dummer Unsinn. Im Gegenteil, sie liefern uns höchst interessante Informationen, wenn wir uns die Mühe nehmen, die Symbole zu verstehen."
„C.G. Jung – Traum und Traumdeutung"

Und noch ein Traum, den ich in der Nacht vom 5. auf den 6.1.2012 hatte (diese Träume in der „heiligen Nacht" der Rauhnächte gehen in Erfüllung – sagt der Volksglaube – ich glaube auch daran).
Christine und ich waren mit anderen Menschen (niemand gekannt) in einer Art Freizeitheim untergebracht und mit der Gruppe auf einer Wanderung. Es war Winterzeit, die Bäume und Sträucher kahl, das Grün der Wiesen matt und fast schlammig. Kein Schnee. Irgendwie war alles hellbraun. Auf dem Hinweg verlief links von uns ein kleiner Bach, dessen klares fließendes Wasser Steine und Sand

zeigte, und ich sagte: „Auf dem Rückweg können wir durchwaten!"
(Wir kneippten früher gerne.)
Dann befanden wir uns auf einmal auf dem Rückweg und irgendwie hatten wir uns unbeabsichtigt von der Gruppe entfernt. Alleine gingen wir schweigend unseren Weg weiter. Christine hatte ihre braune Winterjacke an, die in der Landschaft fast wie eine Tarnjacke wirkte. Vom rechten Wegrand hob sie immer wieder etwas auf, bis sie ein kleines Bündel, vielleicht waren es Zweige, in der Hand hielt. Ich ging einige Meter vor ihr und als ich mich nach ihr umdrehte, war sie auf einmal nicht mehr da, wie vom Erdboden verschluckt. Ich war bestürzt und in Sorge, was wohl geschehen war, und begann sie ängstlich zu suchen. Ich ging den Weg ein Stück zurück bis dahin, wo ich Christine zuletzt sah. Aber sie war verschwunden. Rechts von mir tat sich ein unglaublich tiefer Abgrund, eine Schlucht auf und ich wollte schon hinunterstürzen, was sollte ich noch ohne mein Kind hier? Doch etwas hielt mich zurück. Ich wusste ja nicht, was mit ihr geschehen war, und mit dieser Ungewissheit konnte ich nicht gehen – vielleicht braucht Christine mich doch noch.
Auf einmal entdeckte ich, dass von dem Weg, den wir gekommen waren, rechts ein schmaler Weg abbog, der am Waldrand entlang einen Hang hinaufführte (diesen Weg hatte ich zuvor nicht bemerkt). Und dann, plötzlich sah ich, wie Christine mir auf diesem Weg entgegenkam, immer noch etwas am Wegrand aufhebend. Jetzt hatte sie aber ihre schwarze Winterjacke an. Ich war unendlich froh, mein Kind zu sehen. Es war ihr also nichts geschehen.
Sie ging nur für kurze Zeit einen anderen Weg.
Ich machte ihr keine Vorwürfe, weil sie ohne etwas zu sagen „unseren" Weg verlassen hatte, und ich stellte keine Fragen. Ich respektierte ganz einfach ihre Entscheidung. Und dann gingen wir unseren Weg gemeinsam weiter.

Dies war einer meiner schönsten Träume, denn er sagt mir, dass ich mein Kind wiedersehe. Nur für kurze Zeit trennen sich unsere Wege.

Zur Erinnerung an Katinka Peridot Schnurrle-Bauer

Der erste Schnee

Jeden Morgen sitzt mein junges Kätzchen Katinka
vor meinem Bett und wartet geduldig, bis ich aufstehe,
um sich schnurrend die ersten Streicheleinheiten abzuholen
Nicht so heute Morgen.
Draußen fällt in großen weißen Flocken der erste Schnee.
Meine Augen suchen das ganze Zimmer nach Katinka ab.
Plötzlich entdecke ich sie auf der Fensterbank
der Dachschräge, eifrig damit beschäftigt,
die Fensterscheibe mit ihrer kleinen Zunge abzuschlecken.
Mit ihren acht Monaten ist das der erste Schnee, den sie erlebt,
und sie hofft wohl, eine der lautlos fallenden Flocken,
die auf der schrägen Fensterscheibe langsam nach unten gleiten,
zu erwischen;
ihre Naschhaftigkeit hat sie ja schon des Öfteren bewiesen.
Lachend nehme ich sie auf den Arm und erkläre ihr,
was es mit der weißen Pracht auf sich hat.
Am nächsten Morgen sitzt sie wie gewohnt vor meinem Bett.
Schon wieder ist das junge Katzenleben um eine Erfahrung
reicher geworden.

Christine Bauer

Der Mensch ist von Geburt an schwach und hilflos,
sein Leben ist nur kurz, doch voller Unrast.
Wie eine Blume blüht er und verwelkt,
so wie ein Schatten ist er plötzlich fort …

Im Voraus setzt du fest, wie alt er wird,
auf Tag und Monat hast du es beschlossen.
Du selbst bestimmst die Grenzen seines Lebens,
er kann und darf sie niemals überschreiten.

Bibel, Ijob 13.14

Nachwort

Neulich stand in einem Brief an mich Folgendes:

„Nun müssen Sie aber, da Sie doch offensichtlich auf dem richtigen Weg sind, aufhören, traurig zu sein. Ihre Tochter möchte das nicht. Sie möchte, dass Sie sich mit ihr darüber freuen, dass sie schon das Glück haben darf, in der besseren Welt zu sein. Dass Sie sich heute schon freuen auf das Wiedersehen."

Im Dezember letzten Jahres hatte ich einen Traum, in dem Christine etwa im Alter von zehn oder zwölf Jahren zusammen mit einem Jungen auf der Bühne als Schauspielerin ihren Text fehlerfrei mit einer schönen, klaren Stimme sprach und sich dabei sehr selbstsicher bewegte. Ich war zusammen mit anderen Menschen im Zuschauerraum, saß aber nicht wie die anderen auf einem Stuhl, sondern lag auf einem Sofa oder Bett. Plötzlich kam Christine von der Bühne herab auf mich zu und sagte: *„Ich hole dich nachher auf die Bühne!"* Schnell stand ich auf und überlegte mir, wie ich meine vom Liegen zerknüllte Kleidung glätten und mich etwas zurechtmachen könnte, damit ich, wenn Christine mich auf die Bühne holt, einen guten Eindruck mache und sie sich meiner nicht schämen muss.
Bis heute warte ich darauf, dass sie mich „auf die Bühne" holt.
Das Theaterstück läuft wohl noch und ich muss mich in Geduld üben – Geduld war bisher nie meine Stärke.
Was ich in den letzten Monaten seit dem Weggang meiner Tochter Christine auf die „andere Seite" hauptsächlich gelernt und erkannt habe, ist vor allem das, was schon so lange im „Buch der Bücher", der Bibel, steht und leider so wenig (ich nehme mich da nicht aus) beherzigt wird:

„Ihr sollt einander so lieben, wie ich euch geliebt habe!"

Dieses eine Gebot vor allem gab Jesus Christus uns allen mit auf den Weg.

Und mit einer Aussage Friedrich Schillers möchte ich dieses Buch schließen:

„Seit Aristoteles wissen wir, was Demokratie ist. Und doch sind wir Barbaren geblieben. Erst wenn der Mensch seinen Verstand durch sein Herz ausdeutet, wird sich unsere Welt verbessern."

Quellenverzeichnis

Das Leben nach dem Tod von Rudolf Steiner

Wie erlangt man Erkenntnisse der höheren Welten? von Rudolf Steiner

Wenn Tiere ihre Menschen spiegeln von Gisa Genneper & Rolf Kamphausen

Unsere Tiere – Botschafter der Liebe von Gertraud Radke

Krebs – die Krankheit unserer Zeit, Broschüre aus der Schriftreihe „Soziale Hygiene" des Vereins für anthroposophisches Heilwesen

Keine Seele geht verloren von Bernhard Jakoby

Mutige Seelen – Planen wir unsere Lebensaufgabe bereits vor der Geburt? von Robert Schwartz

Die geheime Physik des Zufalls von Rolf Froböse

Annette von Droste-Hülshoff – Werke in einem Band

Mit dem eigenen Schutzengel kommunizieren von Haziel/Anna Alba

Götter, Engel und Propheten von Kurt Allgeier

C. G. Jung – Traum und Traumdeutung von Lorenz Jung